MuJeReS Y MúSiCaS eXPeRiMeN- TaLeS

Magda Polo Pujadas
Fernando Infante del Rosal
(coordinadores)

MuJeReS Y MúSiCqS eXPeRiMeN=TqLeS

EDITORIAL
UNIVERSIDAD DE SEVILLA

Sevilla, 2025

Colección Música
Núm.: 8

Diseño de cubierta y maquetación: Fernando Infante.

© Editorial Universidad de Sevilla 2025
   C/ Porvenir, 27 - 41013 Sevilla.
   Tfnos.: 954 487 447; 954 487 451
   Correo electrónico: info-eus@us.es
   Web: https://editorial.us.es

© Magda Polo Pujadas y Fernando Infante del Rosal (coords.) 2025
© De los textos, sus autores 2025

Impreso en papel ecológico
Impreso en España-Printed in Spain
ISBN 978-84-472-2649-8
Depósito Legal: SE 269-2025
Impresión: Podiprint

Índice

Olga Neuwirth (1968)
Lo simbólico, lo matérico-sonoro y la construcción
multi-nivel en la música de Olga Neuwirth: una aproximación
desde la semiótica filosófica de la música

SOBRE LOS AUTORES

Caminos abiertos de la música experimental

Magda Polo Pujadas
Universitat de Barcelona

Fernando Infante del Rosal
Universidad de Sevilla

Lo experimental, entendido como búsqueda de innovaciones o renovaciones formales o expresivas, es una categoría estética a la que han dado cuerpo, en sus momentos moderno o contemporáneo, todas las artes, pero, en especial, la música. Es ella la que ha jugado el papel determinante en la consideración misma de lo experimental, en la configuración de una categoría que ha terminado convirtiéndose –algo que, por otra parte, sucede siempre– en un valor estético. Lo experimental ha definido buena parte de los avatares contemporáneos de la música –de manera especial a partir de la inauguración en 1946 de los *Internationale Ferienkurse für Neue Musik* (Cursos Internacionales de Verano de Música Contemporánea) de Darmstadt–, pero esta, puede decirse, ha definido también en gran medida aquello que consideramos «experimental» en todo arte.

Y, ya desde un principio, se hace necesaria esta reserva: la consolidación de lo experimental estético convierte muchas veces en fin aquello que en un principio merecía ser valorado únicamente como medio; los recursos instrumentales o metódicos para la prospección de lo nuevo, de lo conveniente, de lo mejor, dejan de ser únicamente instrumentos, para reclamar su cualidad y asentarse como fines a valorar, de tal manera que la experimentación, a diferencia de su carácter en las llamadas ciencias experimentales, se instala con rango de finalidad. Surgen entonces los experimentalismos, las formas que transponen el afán de búsqueda en ideología y, con frecuencia, la exploración de las formas y los medios en una batería de clichés. Pero estas deformaciones experimentalistas, efecto de la consolidación de lo experimental en un valor *per se*, no deslucen en nada la vasta hacienda del auténtico experimento, que implica, en la mayoría de los casos, un cambio de paradigma. Es significativo que la crítica reticente a la música experimental, por parte de músicos como Pierre Boulez, surgiera al mismo tiempo en que a esta le daban tal nombre Pierre Schaeffer o John Cage.

Hablamos de músicas experimentales para destacar la pluralidad de intenciones con las que la composición, la interpretación y la recepción o escucha musicales se han aproximado a la exploración de nuevos territorios, así como los variados contextos en los que tales indagaciones han tenido lugar. Suele admitirse que dichos contextos empiezan a formarse en la segunda mitad del siglo XX, por razones, podríamos decir, intramusicales y por otras que alcanzan una mayor dimensión de las culturas: la música concreta, electroacústica y electrónica; la incertidumbre e indeterminación aplicadas a la búsqueda de impredecibilidad en música; la ampliación o modificación de instrumentos tradicionales, el ensanche tímbrico y las técnicas extendidas; la improvisación libre y las reconsideraciones de la música como escritura; los caminos de la performatividad, como en el caso de Fluxus; la transetnicidad y los procesos de descolonización musicales, etc.

El presente volumen no reúne a todas las mujeres involucradas en los desarrollos de las músicas experimentales, pero sí recoge en mayor o menor medida muchos de estos contextos; así, por ejemplo, de la música electrónica, campo de importante acción femenina (Rodgers 2010), puede obtenerse un espectro amplio en los capítulos dedicados a Daphne Oram, Pauline Oliveros o Wendy Carlos; en ellos van apareciendo otras figuras de gran relevancia en este campo como Delia Derbyshire, Bebe Barron, Éliane Radigue o Suzanne Ciani, aunque no se les dedique un estudio específico. El objetivo de este libro no es catalogar en exhaustividad todas las personalidades de este ámbito, sino contribuir con un análisis de mayor profundidad a la pregunta más conveniente: ¿cuál fue el papel de las mujeres en las músicas experimentales?

Esta pregunta no se hace, evidentemente, desde la segura atalaya de sospecha y juicio que se pregunta de manera condescendiente pero reservada por el papel de las mujeres desde criterios de tradición heteropatriarcal. Sin constituir esto el objetivo principal de este libro, tal atalaya y tales criterios son desmontados pieza a pieza en sus páginas, porque los análisis presentados han sido sensibles a las formas y criterios de la historiografía, a sus impensados, sus *a priori* y sus prejuicios, para ponerlos precisamente en suspenso y permitir ver así qué han hecho estas artistas más allá de los preconceptos que marcan ya el territorio de la música contemporánea o de las músicas en nuestro tiempo.

Más allá de sus contribuciones musicales, esto tiene que ver, principalmente, con la manera en que estas mujeres han abordado la experimentalidad misma, con la concepción que han tenido de la música como un instrumento fiel a su manera de ser y como medio con el que llegar a la sociedad para reivindicar su condición como mujeres. Ser mujer en un contexto social implica entrar en relación con las construcciones sociales del género, que alcanzan al nivel mismo de lo psíquico y que conforman y asocian ciertas formas de ideación y producción con cada uno de los géneros. Es bien conocida la idea de «angustia de influencia» (*anxiety of influence*) que Harold Bloom presentó en 1973 y que hoy leemos en clave de género como el estrés que afecta a los varones que han de producir algo novedoso aún bajo la influencia de inevitables trabajos precedentes. Como complemento a la expresión de Bloom, Susan Gubar y Sandra Gilbert introdujeron en

1979 el concepto de «angustia ante la autoría» (*anxiety of authorship*) en referencia a la dificultad de la mujer –escritora en su caso– «para asumirse como autora y creadora dentro de una tradición literaria que considera la energía, la vitalidad y la fuerza necesarias para el acto creativo y creador como características inherentes al hombre y de las que la mujer carece» (Olivares 1997: 19). Otro fenómeno que queda descartado en las mujeres que aparecen en este volumen es el llamado «síndrome del impostor». Todas ellas reconocieron que fueron exitosas en sus carreras profesionales, supieron asumir su valía y sus logros, aunque muchas veces la sociedad no creyera en sus trayectorias artísticas como, sin lugar a dudas, habría pasado si hubieran sido hombres.

Que lo experimental como categoría estética podría estar definido en gran medida por aquella «angustia de influencia» e identificado por extensión con estas «energía, vitalidad y fuerza» masculinizadas es evidente. Sin embargo, los capítulos de este libro nos ofrecen formas de concepción de la experimentación misma de cualidad muy diferente a ese pulso energético. Podría decirse que lo experimental toma tres modos básicos o fundamentales, tres estrategias operativas elementales: la alternativa, la ruptura y la apertura. No tenemos bases para una inducción completa, y, por tanto, no debemos entregar una afirmación de mayor alcance, pero, al menos, sí podemos declarar que las autoras abordadas en el presente volumen son ejemplos de una experimentación entendida más desde la apertura que desde la acción de la oposición, la disolución, la escisión o la ruptura. Son mujeres que no se cuestionan como artistas, ni como músicos, sino que cuestionan a la sociedad y sus prejuicios hacia ellas como feministas, lesbianas, transexuales.

Esta inclinación hacia la apertura se manifiesta especialmente en tres aspectos: en primer lugar, en una sensibilidad por expandir el campo de la escucha, del espacio sonoro, y de la sonoridad misma –a este aspecto han contribuido de manera esencial artistas como Pauline Oliveros–; en segundo lugar, un pensamiento más libre en la concepción de lo musical, no guiado por enfrentamientos a los modelos musicales de la tradición, sino precisamente por la no identificación y la falta de reconocimiento en dichos modelos, lo que ha permitido una más desprejuiciada y desenvuelta capacidad de exploración en todos los aspectos de lo sonoro y lo musical, como en el caso de Yoko Ono; por último, la apertura se aprecia en sus frecuentes alusiones al camino por recorrer, a la conciencia, recogida en sus escritos, de que lo que ellas aportan no se realiza tanto en la obra presente como en los desarrollos futuros que se hacen posibles. Esto último es muy destacable en los casos de Oram, Ferrer o Bofill.

Todo esto no responde a la construcción de lo femenino como dulce o conciliador. Ese sería el aspecto apreciable desde una mirada tradicionalmente heteropatriarcal. No, sus actitudes ante la experimentación y ante la música no responden a las alternativas vigoroso/dulce o belicoso/conciliador, nacen de una mentalidad más práctica; de igual manera, su compromiso procede de forma efectiva reclamando con urgencia –feminista muchas veces– espacios de lo sonoro y lo musical que hasta entonces quedaban por explorar. Es cierto que todas toman conciencia de las construcciones socializadas de la música y que las tienen muy en cuenta, pero su modo de proceder, como hemos apuntado ya, no es el de la «conquista», el control, la proyección o la expansión, ocupando terrenos vedados, sino el de la voluntad de escucha y el de hacer sonar aquello que ha sido ocluido o apagado con anterioridad.

Todas han contribuido a ensanchar los campos de la creación sonora y musical, así como los de la escucha, pero no afirmándolos como dominios nuevos y controlados, sino como espacios de acción libre. Su actitud es siempre la de prestar atención y confiar en lo que, de hecho, ya ha empezado a manifestarse, aquello que, probablemente, se revele de manera cotidiana pero que por alguna razón hemos dejado de escuchar. Por eso, lo cercano, lo privado, lo familiar, lo doméstico y lo cotidiano son siempre la trama primera de esa atención, y no necesariamente por la tradicional vinculación de la mujer con dichos entornos, sino precisamente por lo contrario: por su capacidad para observarlos con distancia y extrañamiento y, a su vez, con meticulosidad y sorpresa. Las mujeres compositoras han sido relevantes en la creación de las poéticas sonoras de lo cotidiano y en recuperar para la música los ritos de la sangre –no solo menstrual–, del cuerpo, como en el caso de Yoko Ono o Esther Ferrer; en extender los registros de la voz, como en Meredith Monk; en dar registro a los paisajes sonoros, como en Laurie Spiegel o Beatriz Ferreyra; o en la producción de nuevos entornos sonoros, como Suzanne Ciani, a quien debemos la invención del sonido burbujeante de Coca-Cola. Desde la radio, la publicidad y la instalación sonora muchas de ellas –Daphne Oram, Else Marie Pade y Ruth White fueron pioneras en esto– han definido los entornos sonoros de lo contemporáneo al tiempo que expandían la comprensión y la acción de la música.

Y, de la misma forma, han jugado un papel determinante en la creación de imaginarios sonoros, como en el caso de Bebe Barron, junto a Louis Barron, compositores de la influyente partitura electrónica para la película *Planeta Prohibido* (*Forbidden Planet*, Fred M. Wilcox, 1956), en la que sigue inspirándose la música asociada a la ciencia ficción cinematográfica. La nueva generación de compositoras para la pantalla vuelve a mostrar una gran capacidad para la creación tímbrica y atmosférica, así como para la exploración armónica. En esto, las obras de Mica Levi o Hildur Guðnadóttir son ejemplares.

La ampliación de los propios medios físicos de producción de sonido es también algo destacable en casos como los de Daphne Oram, Wendy Carlos, Laurie Anderson o Ellen Fullman, por citar algunos ejemplos. Oram y Carlos fueron fundamentales en el desarrollo de los medios electrónicos de producción musical, Anderson ha inventado, entre otros, el violín de arco de cinta y Fullman el instrumento de cuerda larga de 21 metros. Su dedicación directa a la electrónica o a otras ingenierías, así como su capacidad para recurrir o asociarse con ingenieros o técnicos electrónicos o informáticos ha sido de gran relevancia para los avances de los instrumentos electrónicos. Su sensibilidad hacia las nuevas oportunidades, unida a su carácter abiertamente visionario, movió a muchas de ellas a adentrarse en la innovación tecnológica: Daphne Oram concibiendo un método óptico de síntesis de sonido y diseñando su singular máquina *Oramics* con la voluntad de dibujar la música, Wendy Carlos insistiendo a Robert Moog en la necesidad de crear un teclado electrónico que fuera sensible a la intensidad de pulsación y llegando a desarrollar el sintetizador Moog.

Otro aspecto en el que la acción de una buena parte de ellas ha sido determinante es la mirada desprejuiciada hacia las diferencias entre lo culto y lo popular. El caso de la mezzosoprano Cathy Berberian en esto fue crucial, con su *Stripsody* (1966), un ejercicio vocal basado en las onomatopeyas de los cómics que le servía para explorar los registros de la voz humana al tiempo que se replanteaba la antigua relación entre música y palabra, o sus versiones barrocas de las canciones de The Beatles; y lo mismo puede decirse de Oram, Ono, Carlos o Ferrer, que acumulan ejercicios muy variopintos que demuestran su abierta indiferencia hacia las distinciones de rango cultural y de prestigio social de la música, cuando no una circunspecta ironía.

La capacidad para dejar atrás todo signo de pureza musical, toda absolutez, todo lo asumido como logro por el relato de la historia de la música, es una característica general de las mujeres que han trabajado en los contextos experimentales de la música. Por eso su ejercicio se presenta siempre como un nuevo pensamiento musical que reconsidera todos y cada uno de los elementos que han conformado el lenguaje musical, especialmente occidental. Se vuelve a pensar el tiempo, la duración, la cualidad del sonido mismo, la forma en su sentido más general y las formas musicales como construcciones históricas, la estructura, la creación, el acto de escucha, etc. Y también, por la misma razón, se pone en conexión, o, mejor, se deshacen las diferencias entre la música y otras formas de expresión. Surgen así formas muy diversas de intermedialidad, transmedialidad, transversalidad e interdisciplinariedad entre diversas artes o medios de acción y expresión, como en Yoko Ono, Esther Ferrer, Concha Jerez o Anna Bofill. Visto con cierta perspectiva es fácil afirmar que la música experimental ha contribuido de manera especial a la hibridación de los medios artísticos, o al borrado de los límites entre formas expresivas: Loïse Bulot o Diamanda Galás son, junto a las anteriores, algunas de las mujeres que han diluido lo performativo en lo musical y a la inversa; otras creadoras, como Electric Indigo (Susanne Kirchmayr) o Gudrun Gut, que usualmente son presentadas como DJs, poseen perfiles que escapan a tal etiqueta por la misma razón.

Se rehabilita, contra los dogmas de la música autónoma, la antigua avenencia entre lo sonoro y lo visual, especialmente entre la música y el dibujo, como sucede de manera explícita en Oram o en Bofill. En Olga Neuwirth se restituye el simbolismo musical, o se abre otro tipo de simbolismo al margen de la sobresaturación simbólica dominante. Se extiende también una sensibilidad hacia lo perdido, de ahí que las mujeres hayan jugado un papel importante en la etnomusicología, especialmente desde Ruth Crawford Seeger en la primera mitad del siglo XX, pasando por la recuperación del folclore armenio realizada por Cathy Berberian, o el interés de Daphne Oram por la acústica arqueológica. Lo ignoto y lo remoto, bajo formas exotéricas o esotéricas, está muy presente en el arte de muchas de ellas.

La mayor parte de estas compositoras, si no todas, pueden situarse en esa ancha corriente de la música moderna y contemporánea que recupera la materialidad de lo sonoro alejándose de los subjetivismos y lirismos de la música romántica y postromántica –a pesar de que todas ellas adquirieron una fuerte formación musical reglada y tradicional–. Oliveros o Neuwirth han hecho destacables contribuciones en esa emancipación del sonido, que reclama una recepción que tome lo sonoro en su fisicidad, o una creación que estrene nuevos simbolismos nacidos de la misma potencialidad material del sonido y no ya de las asociaciones históricas que han filtrado su asunción.

Incluso en su papel de intérpretes algunas mujeres músicas han contribuido enormemente a estos aspectos de lo sonoro y lo musical. Es el caso de Clara Rockmore, que inauguró en gran medida las posibilidades expresivas del instrumento creado por Leon Theremin. Algo parecido puede decirse de Jeanne Loriod, hermana menor de Yvonne Loriod y cuñada de Olivier Messiaen, con las ondas Martenot. En cierto sentido, también las mujeres han diluido, casi siempre conscientemente, los límites entre la escritura compositiva, la interpretación y la escucha musicales. El siglo XX ha visto cómo la mujer ha ido ampliando su lugar en la música más allá del papel de formadora en los tiempos de la mítica Nadia Boulanger –por otro lado, una de las personalidades más influyentes de la música de este siglo–. Esto ha sido posible muchas veces más por los avatares de la necesidad que por un cambio de mentalidad de las sociedades o los poderes. Por ejemplo, si las mujeres tuvieron acceso a la ingeniería musical, a la electroacústica, a la electrónica, a la radiodifusión a mediados de siglo fue porque sus compañeros varones habían sido llamados a filas; eso permitió que mujeres como Daphne Oram se aplicaran desde muy pronto en estos campos.

Este libro dedica dos de sus capítulos a sendas creadoras españolas, Esther Ferrer y Anna Bofill. Como en el conjunto de todas las mujeres vinculadas a las músicas experimentales, también aquí son una breve pero significativa representación. Los nombres en España podrían ampliarse a Concha Jerez, Fátima Miranda, Ani Zinc, Eli Gras, Nad Spiro o Io Casino, entre otras. Dejando muy atrás las rivalidades entre Francia y Alemania en tiempos de Schaeffer y Stockhausen, el mapa de la música experimental se extiende desde hace décadas a todos los continentes y expresa una clara voluntad de aterritorialidad, especialmente en el caso de las compositoras. La referencia al territorio viene dada siempre desde una voluntad investigativa o documental, como en Alice Shields, o desde un interés por los paisajes sonoros y sus identidades, como en Maryanne Amacher.

Todos estos rasgos son signos de la voluntad de apertura de las compositoras experimentales, de su mirada siempre prospectiva, más atenta al presente y al futuro del sonido y de la escucha que al pasado musical.

Referencias

Olivares, Cecilia (1997): *Glosario de términos de crítica literaria feminista*. México D. F.: El Colegio de México.

Rodgers, Sara (2010): *Pink Noises*. Durham: Duke University Press.

Daphne Oram. La emancipación de la resonancia

FERNANDO INFANTE DEL ROSAL
Universidad de Sevilla

1. Armónicos. Daphne Oram recuperada

En la historia de la música, Daphne Oram (1925-2003) puede ser considerada relevante en muchos aspectos: en la investigación musical, por sus indagaciones libres en la teoría de las ondas sinusoidales, los armónicos, etc.; en la creación musical experimental, basada siempre en ensayos controlados alejados del experimentalismo irreflexivo; en la relación entre música, ciencia y tecnología, esta última no solo electromagnética; en la teorización musical, que en su caso partía de unos planteamientos metafísicos y antropológicos muy amplios; en la ingeniería aplicada a la creación sonora, por su incesante búsqueda de medios técnicos y, en especial, por el diseño de su conocido secuenciador *Oramics*; en la relación entre la música experimental y los medios de masas, potenciada desde la creación del Radiophonic Workshop que Oram creó junto a Desmond Briscoe dentro de la BBC en 1958; en el camino abierto a mujeres compositoras en el ámbito de la música electrónica y la experimentación sonora, como Maddalena Fagandini, Delia Derbyshire o Elisabeth Parker, que trabajarían en el Radiophonic Workshop después de su marcha; y, finalmente, Oram puede ser considerada un hito en la historia de la «rematerialización» de la música en Occidente, de la rehabilitación de lo sonoro material al margen del subjetivismo romanticista.

Y, aun así, la figura de Oram no ha obtenido reconocimiento hasta la segunda década de nuestro siglo, presumiblemente, por la tradición del relato sesgado en cuanto al género en las historias de la música electrónica y experimental, algo extensible a cualquier historia tradicional del arte. En ciertos contextos, las mujeres no tenían acceso a determinadas prácticas, o lo tenían de forma escasa, pero, generalmente, en los casos en que llegaban a ejercer tales prácticas, el archivo y la escritura histórica les negaba su presencia, porque eso era lo acostumbrado. Esta injusticia memorial con Daphne Oram y muchas otras creadoras –que cuando aparecen en las historias de la música electrónica o experimental lo hacen de manera accesoria– ha empezado a enmendarse en los últimos años. Es significativa, sobre todo, su recuperación en el ámbito académico, que se ha hecho responsable de su legado. Así, desde 2008 su extenso archivo, que contiene diarios, correspondencia, partituras, grabaciones y otros materiales, está disponible para la consulta y la investigación en The Daphne Oram Trust, fundación del Departamento de Música del Goldsmiths College, de la Universidad de Londres. La Universidad Canterbury Christ Church, en la que Oram fue tutora durante la década de 1980, inauguró en 2019 el *Daphne Oram Creative Arts Building*, un espléndido centro destinado a promover la educación artística.

La apertura de su archivo ha contribuido a la difusión de su vida y de su obra a un público amplio y ha despertado el interés de numerosos creadores musicales y sonoros, que han descubierto una filiación que desconocían en gran medida. En 2016, su composición *Still Point*, escrita en 1949 pero nunca ejecutada, fue estrenada en la serie de conciertos Deep Minimalism en St John's Smith Square, y, más tarde, en 2018, tras el descubrimiento de la partitura completa, en los *Proms* de la BBC junto a obras de Pauline Oliveros, Meredith Monk y Éliane Radigue. El compositor y archivista James Bulley había redescubierto la partitura en 2015, junto a las notas de Oram, y, con la colaboración de Shiva Feshareki, que utilizó la tecnología electrónica que habría estado disponible para Oram, la London Contemporary Orchestra y el historiador de sonido Aleks Kolkowski, puso en pie esta importante composición, la primera de la historia en que se manipulan sonidos electrónicos en tiempo real junto a una orquesta.

Hasta una obra de teatro, *Daphne Oram's Wonderful World of Sound*, escrita por Isobel McArtthur, con dirección de Paul Brotherston y música de Anneke Kampman, celebró en 2017 la vida de la artista y dibujó el contexto patriarcal de la BBC en los años cincuenta. El documental *Sisters with transistors* (Lisa Rovner 2020), narrado por Laurie Anderson, recupera su trabajo junto al de otras compositoras experimentales como Maryanne Amacher, Bebe Barron, Suzanne Ciani, Delia Derbyshire, Pauline Oliveros, Éliane Radigue, Clara Rockmore, Wendy Carlos y Laurie Spiegel. Numerosas ediciones discográficas, documentales y programas televisivos han descubierto con asombro lo extraordinario de su perfil como creadora, así como el fascinante contexto artístico al que contribuyó.

La trayectoria de Oram ha sido puesta en valor también a través de algunos galardones prestigiosos, como los *Oram Awards*, otorgados por la PRS Foundation, o el *New BBC Radiophonic Workshop*, destinado a las mujeres innovadoras en el mundo del sonido y la música. Su principal obra de teoría musical, *An Individual Note of Music, Sound and Electronics*, publicada por Oram en 1972, ha sido reeditada recientemente con una introducción de la compositora y performer Sarah Angliss.

Todos estos acontecimientos describen algo característico de nuestro tiempo: la recuperación de la importante labor de las mujeres creadoras –en este caso en las músicas experimentales a lo largo del siglo xx–, recuperación que se celebra desde la admiración por unas vidas y unas contribuciones que, como las de Oram, se nos aparecen ahora como tremendamente vivas e inspiradoras. Esto es significativo: aquellas inquietudes y producciones no son rehabilitadas como un material histórico, muerto, sino más bien como persistentes armónicos que han quedado en el aire y que ahora, escuchados, se mezclan con las notas de nuestro presente y nos hacen apreciar lo nuevo de manera diferente.

2. Ondas. Los años de la BBC

Daphne Oram mostró desde su infancia en Devizes, Wiltshire, dotes excepcionales para la música. De pequeña trataba de ir más allá de los límites de la música convencional y se frustraba por la imposibilidad de hacer surgir aquellos sonidos que debían estar entre las teclas del piano. Esta primera inquietud no solo tendría su eco en su interés por el comportamiento de las ondas y las frecuencias sonoras, sino en esa idea que articula todo su pensamiento sonoro y musical y que alude a aquello «que yace detrás y entre las notas» (Oram 2016: 20-21)[1]. Fue su temprana conciencia de las posibilidades del sonido más allá de las formas y de los instrumentos musicales lo que favoreció una comprensión muy amplia de lo musical.

Esta comprensión también se vio unida de manera temprana a lo esotérico. Su padre, James Oram, un inmigrante irlandés que llegaría a ser presidente de la Sociedad Arqueológica de Wiltshire, inculcó a la familia el interés por las capacidades psíquicas de los médiums –Leslie Flint, que había entablado contacto con Arquímedes y Marilyn entre otros muchos, fue invitado a una sesión en su casa– y los conocimientos perdidos de la Antigüedad, mezclando la investigación arqueológica con el recurso a lo paranormal. Lo favorecía el hecho de que la Belle Vue House se hallase relativamente cerca de los monumentos megalíticos de Avebury y de Stonehenge, al sur de Inglaterra. Años más tarde, Oram participaría en las reuniones de la Organización

---

1   Todas las traducciones de los textos son del autor.

de Investigación sobre el Conocimiento Perdido (RILKO), en las que tomaría abundantes notas sobre vibraciones megalíticas, y buscaría ella misma resonancias olvidadas en arroyos y tumbas de paso en las localizaciones sagradas de Anglesey y Avebury.

Su educación en la Sherborne School for Girls le ofreció conocimientos de ciencia y de filosofía que completaría por su cuenta y que serían fundamentales en su desarrollo creativo y teórico. El escéptico Michel de Montaigne le ofreció la visión antidogmática –«[...] estas son mis opiniones y fantasías particulares, y las ofrezco solo como lo que yo mismo creo, no para ser creídas por los demás» sería la cita que abriría su principal obra teórica (cit. en Oram 2016: 2)– y la capacidad de ver un acontecimiento desde todas las direcciones. Oram llegaría a utilizar *to montaigne* como un verbo referido a la aplicación de esa percepción desprejuiciada y multilateral (*ibid*: 25, 27). Junto a Montaigne, otros muchos pensadores, como Pope, Kant o Coleridge se reparten entre las páginas de sus escritos. De la *Nueva Atlántida* de Francis Bacon tomaría las crípticas referencias a las «Sound-Houses»: «También contamos con Casas del Sonido, donde practicamos y demostramos todos los sonidos y su generación» (*ibid*: 88, 166).

La unión de la tecnología y lo lúdico son cruciales en la obra de Oram y es fácil rastrear sus orígenes en los juegos con la electrónica a los que se dedicaba junto a sus dos hermanos mayores, montando aparatos de radio y retransmitiendo música alrededor de su casa. El divertimento, la experimentación, la tecnología, la ciencia, la filosofía y el interés por los conocimientos perdidos estuvieron íntimamente ligados a la música durante su formación, y lo seguirían estando durante toda su carrera.

Es probablemente este amplio espectro el que la hizo apartarse de la formación musical tradicional y rechazar en 1942 una plaza en la prestigiosa Royal Academy of Music. Este rechazo se debía también a que las normas del periodo de guerra la obligaban a firmar una carta de compromiso para servir como profesora de música al graduarse. Sus intereses se encontraban entonces lejos de ejercer como «school ma'am» (maestra de escuela) y decidió aceptar un puesto de ingeniera de estudio junior y «music balancer» (mezcladora) en la BBC. La pérdida de personal durante la guerra motivó que muchas mujeres fueran capacitadas para tareas de ingeniería en un contexto abiertamente masculinizado.

En la BBC aprendió a microfonear conciertos en vivo para su radio-difusión. Una de las responsabilidades de su trabajo era seguir los conciertos en directo con una versión pregrabada en discos de 78 rpm para que la transmisión continuara si un bombardeo detenía el espectáculo. En 1946, el British Home Service comenzó a transmitir desde los estudios de Londres el programa de música de cámara de media hora *Music in Miniature*. La ingeniera junior Daphne Oram y Basil Douglas, una personalidad en la British Opera, armaron el programa sin anuncios durante el transcurso de la transmisión para que la música fluyera sin interrupciones. Oram señalaría la importancia de esta experiencia para su propio estilo: «Sin anuncios intermedios que detuvieran el flujo, el programa me permitió idear 25 minutos de sonido controlado continuo, como si fuera una composición completa de principio a fin» (Daphne Oram Archive: GB 2603 ORAM/3/4). En *Music in Miniature* perfeccionó sus habilidades con los equipos mientras practicaba fundidos musicales entre discos de gramófono.

1946 fue también el año en que la BBC abrió Third Programme, la nueva estación de radio de la British Broadcasting, precedente de la actual Radio 3 y destinada a convertirse en una de las principales fuerzas culturales e intelectuales de Gran Bretaña, con un papel crucial en la difusión de las artes. El gobierno de Attlee le había pedido a Keynes que difundiera el interés por la cultura en todo el país a través de la fundación del Arts Council. La idea de cultura de Keynes estaba determinada en gran medida por el modelo de la música occidental y alejada de lo que él consideraba una americanización de lo cultural a través del cine y la música popular («Death to Hollywood» era su grito de batalla). Este contexto favoreció una conciencia cultural en los medios de comunicación en el Reino Unido que no solo fomentó el ideal tradicional de la alta cultura, sino que sumó a esta y desde un principio lo novedoso y lo experimental (Davey 2016: *passim*). Los últimos años de la década de 1940 supusieron para Oram la aplicación de sus nuevas habilidades tecnológicas unida a un espíritu de búsqueda en lo antiguo y en lo nuevo.

Tal espíritu se expresa en su primera gran composición, escrita con apenas 23 años, *Still Point* (1948-1950), para orquesta doble, grabaciones instrumentales tratadas, tres discos pregrabados de 78 rpm, cinco micrófonos, controles de tono y eco. La pieza refleja sus experiencias anteriores trabajando bajo la cúpula de cristal del Royal Albert Hall mientras las bombas acechaban a la capital. Estas primeras experiencias usando tocadiscos y mezclando sonido en la compleja acústica del mítico teatro inspiraron a Oram y la llevaron a explorar los aspectos espaciales y acústicos de la composición orquestal, aprovechando el nuevo potencial para la manipulación en vivo del sonido amplificado durante la ejecución. La partitura final de *Still Point*, escrita en abril de 1950, detalla «grabaciones previas para mezclar a diferentes velocidades, al revés y con filtros más reverberación» (Bulley 2018: 1). La pieza se ofreció a la BBC como una posible sintonía de entrada para la inauguración del Gran Premio de Italia de 1950, pero fue rechazada argumentando que solo podría juzgarse como una «partitura directa» y que no llegarían a entenderse las «variantes acústicas y las técnicas de pregrabación». Brian Hodgson, un colega de la BBC y miembro del Radiophonic Workshop comentó más tarde a Oram que «si la hubieran entendido, se habrían mostrado aún más "anti"» (*ibid.*).

A principios de la década de 1950 Oram fue ascendida a Music Studio Manager (SM) y sus intereses por la música electrónica y la búsqueda sonora a través de nuevos medios le hicieron dejar atrás su escritura sinfónica. Se había convencido de que el micrófono y la cinta de audio podrían hacer en la música lo que la cámara y la película de cine habían hecho explorando en el espacio y el tiempo para contar historias. La búsqueda de una espacialidad y una temporalidad diferentes para la música podía hacerse más fácilmente al margen del subjetivismo musical de la cultura moderna occidental, en el materialismo del espacio real, de la reverberación, de la vibración, de la resonancia, y, también, a través de la máquina. La máquina favorecía sobre todo una comunicación directa entre la compositora y sus oyentes, eludiendo en gran medida el factor subjetivo del intérprete. Para Oram la tecnología no constituía una mediación deshumanizadora, venía a ser, al contrario, la condición de posibilidad de una comunicación intersubjetiva y musical capaz de dejar atrás los modos subjetivistas de la música europea. Igualmente, la electrónica musical no fue tanto un medio de avance y progreso, de entrega a las promesas de lo nuevo, como una vía para recuperar las fuerzas telúricas y perdidas en el sujeto humano.

Por eso, tras visitar en 1952 los estudios de la Radiodiffusion-Télévision Française (RTF) de París, comenzó a pedir a los directivos de la cadena que pusieran los medios tecnológicos a disposición de los músicos, para que estos pudieran ampliar los modos de creación sonora y musical. Poco después, empezó a presionar a la BBC para que abriera un estudio electrónico de sonido. En su propuesta a los gerentes de la BBC en 1956 argumentaba:

> Una vez que el compositor puede escribir sin las limitaciones de la interpretación, su paleta se amplía enormemente [...] Los ritmos se convierten en cualquier cosa que el compositor pueda visualizar sin que tengan que ser ejecutables. Los timbres no tienen registro y teóricamente cualquier sonido, musical o de otro tipo, está a su alcance. (daphneoram.org)

En 1957 la BBC le ofreció una grabadora y una oficina compartida en Portland Place, Londres, conocida como la Radiophonic Unit. Su primer encargo, la sintonía para un boletín de noticias televisivo, fue rechazado. Oram tuvo más éxito con la música incidental que compuso para dos obras: *Prometheus Unbound*, producida por Val Gielgud (1957), y *A Winter Journey*, de James Hanley (1958), que el *New Statesman* comparó con un nocturno de Debussy. *Prometheus Unbound* fue la primera transmisión en la BBC de una obra propia, en marzo de 1957.

A finales de año, los planes para un estudio permanente en Maida Vale estaban listos y Oram asesoraba a los ingenieros de instalación en el diseño de lo que se convertiría en el Radiophonic Workshop, uno de los primeros estudios multipista del mundo.

Junto con su compañero, músico electrónico y colega de la BBC, Desmond Briscoe, comenzó a recibir encargos para muchos otros trabajos, incluida una importante producción de Samuel Beckett, *All That Fall* (1957). A medida que crecía la demanda de sonidos electrónicos la BBC otorgó a Oram y a Briscoe un presupuesto para establecer el Radiophonic Workshop a principios de 1958. El laboratorio se centró en la creación de efectos sonoros y temas musicales electrónicos para toda la producción de la cadena, incluida la serie de ciencia ficción *Quatermass and the Pit* (1958-1959). En el Radiophonic Workshop Oram compuso también obras significativas como *The Ocean* (1958) y *Under the Loofah Tree* (1958).

El Radiophonic Workshop estaba adscrito al departamento dramático, porque el departamento musical de la BBC y los sindicatos musicales no reconocían el trabajo electrónico como composición musical. Por otra parte, durante los años cincuenta, y en contra de la política cultural del país es la década anterior, los medios británicos estaban operando un giro notable en el uso de la música electrónica en sus producciones, ahora centradas en la comedia y la ciencia-ficción. Frente a la más clara adscripción a la alta cultura de los trabajos electrónicos de Schaeffer en Francia y de Stockhausen en Alemania, las producciones británicas aplicaban una música igualmente innovadora y explorativa a las producciones dirigidas al gran público y a la cultura popular, y, en esto, Oram fue crucial: «No parecía preocupada por ninguna distinción académica entre *elektronische Musik* y *musique concrète*, mezclando libremente generadores de señales con grabaciones procesadas para crear el efecto deseado» (Angliss 2016: 9). Los trabajos del Radiophonic Workshop eran en ocasiones abiertamente irreverentes, e incluso escatológicos, como el sorprendente tema «Major Bloodnok›s Stomach», creado para la serie de comedia radiofónica *The Goon Show*.

Para anunciar la inauguración del Radiophonic Workshop, el productor Donald McWhinnie encargó a Oram y a sus compañeros Desmond Briscoe y Norman Bain que subrayaran el poema sonoro *Sueños privados y pesadillas públicas* del dramaturgo Frederick Bradnum. Una foto de la BBC muestra a Oram enseñando a Bradnum las posibilidades expresivas de la manipulación de la cinta magnética, un esfuerzo (el de convencer) característico de toda la historia de la música más innovadora unida a la palabra o a la imagen. Los miembros del laboratorio usaron cencerros, voces humanas y otros sonidos que se reprodujeron, filtraron o desnaturalizaron para crear una síntesis bruitista singular para el poema radiofónico.

En octubre de 1958, la BBC envió a Oram a los «Journées Internationales de Musique Expérimentale» en la Feria Mundial de Bruselas. Allí, en el Pabellón Philips diseñado por Le Corbusier, tuvo lugar el espectáculo multimedia que incluyó la grabación de música concreta *Concret PH* de Iannis Xenakis y el *Poème électronique* de Edgard Varèse. De la misma manera en que se consolidaba el afán de Oram por la música electrónica tras escuchar algunos de estos trabajos producidos por sus contemporáneos, aumentaba su descontento por las limitaciones de su labor dentro de la BBC. Por una parte, seguía topándose con la continua negativa del departamento de música a considerar la presencia de la composición electrónica en un primer plano; por otra, el nuevo laboratorio tendría que arreglárselas con el antiguo equipo del Royal Albert Hall. Durante un tiempo, ella misma acumuló materiales de estudios abandonados, como algunas grabadoras Ferrograph que unió para poder trabajar, y dedicaba las noches, hasta las cuatro de la madrugada, a componer. Su partitura *Amphitryon 38* (1957) para la adaptación de la obra de teatro de Jean Giraudoux de 1929 dentro de la serie *Television World Theatre*, se compuso en una de estas sesiones nocturnas. *Amphitryon 38*, creada utilizando un oscilador de onda sinusoidal, una grabadora y algunos filtros de diseño propio, fue la primera partitura totalmente electrónica en la historia de la BBC.

La suite *Incidental Music for 'Invasion'* (1958), que recoge piezas para la adaptación de la obra *L'Invasion* de Arthur Adamov presentada en el Festival de Edimburgo, además de evidenciar la familiaridad entre la música electrónica y el teatro del absurdo –por la intención de desfamiliarización que movía a ambos por aquel entonces–, muestra ya la avanzada aportación a la nueva música por parte de la autora a finales de los años cincuenta. También en *Dr. Faustus Suite* (1959), para la versión del Doctor Fausto de Marlowe presentada en el Eton College, se aprecia la importancia que la composición para el teatro tuvo en el desarrollo de su música. Con la música electroacústica y electrónica el teatro aumentaba sus posibilidades expresivas, especialmente en la creación de una espacialidad diferente, mucho más abierta e indeterminada, y también en la introducción de elementos de extrañamiento y desfamiliarización, como las voces modificadas por Oram en esta suite, una de sus creaciones más abiertamente expresionistas.

3. Vibraciones. Tower Folly

Frustrada por no poder trabajar en proyectos más estrictamente musicales dentro de la cadena, seis meses después de la creación del Radiophonic Workshop dejó la BBC para montar su propio estudio de música electrónica, con la esperanza de desarrollar aún más sus técnicas sonoras y musicales. Sus nuevos experimentos se llevaron a cabo en Tower Folly, un pintoresco secadero de Fairseat, en Kent, reconvertido en estudio de música electrónica con un presupuesto de solo 1.500 libras. Oram complementó sus máquinas de cinta con equipos de segunda mano del ejército obtenidos en Charing Cross Road, en Londres.

En Tower Folly, Oram tuvo más fácil hallar tiempo para escribir sus piezas autónomas, como su obra de concierto *Four Aspects* (1960), un estudio sobre el color electrónico que se estrenó en el Queen Elizabeth Hall de Londres. La pieza cuenta con una sencilla estructura A-B-A que permite, no obstante, una importante indagación en el comportamiento de los armónicos, así como en la definición del espacio a partir de la superposición de diferentes frecuencias.

Durante esos años el teatro le seguía ofreciendo un contexto muy abierto de investigación. Otra pieza de ese mismo año, *Passacaglia* (1960), que partía de una composición de su compañero en la BBC Ivor Walsworth, llevaba al límite la escucha al explorar los efectos de retroalimentación y de «acople», de *feedback*, con tonos extremadamente agudos y persistentes que se alzan sobre inusuales escalas musicales de cinco armónicos en repetición. *Purple Dust* (1962), creada para la comedia teatral homónima de Sean O'Casey que se interpretó en el renovado Mermaid Theatre de Londres, se abre utilizando grabaciones de sonidos reales en un primer plano más agudo sobre un fondo grave de música electrónica, que continúa con pasajes muy relevantes en la historia de la secuenciación electrónica. Una de sus obras más heterogéneas en cuanto a investigación tímbrica y rítmica es la compuesta para *Rockets in Ursu Major*, la obra teatral de ciencia-ficción del prestigioso astrónomo Fred Hoyle en el mismo Mermaid Theatre de Londres (1962), que agotó sus entradas. Compuesta ya con su nueva máquina Oramics, por entonces aún imperfecta, la música para el *Hamlet* del The National Youth Theatre (1963) dirigido por Michael Croft, que supuso el debut de Helen Mirren, sorprende por el uso de los graves, que evitaba interferir en la frecuencia de las voces de los personajes, así como un motivo en *ostinato* que actuaba como un signo del destino.

La década de los sesenta recoge sus más importantes incursiones en el cine. Sus sonidos se unieron a la partitura de Georges Auric en la película de terror sobrenatural *The Innocents* (1961), de uno de los más significativos directores británicos, Jack Clayton. Con esta incursión en el diseño sonoro de películas, Oram abría un camino importante para la concepción sonora del cine que continúa hasta nuestros días. El número de entradas del archivo de Oram dedicadas a esta adaptación de *Otra vuelta de tuerca* de James atestigua la importancia que la compositora le dio a este proyecto. El cortometraje *Man of Rope*

(Michael Elster y Laszlo Marton, 1961), basado en un poema de Oscar Wilde, contó también con su participación. Oram proporcionó igualmente los sonidos electrónicos para la banda sonora de *Dr. No* (Terence Young, 1962), procedentes de su trabajo de seis minutos *Atoms in Space*, pero, como la anterior, tampoco fue acreditada en la película, presumiblemente por la mencionada reticencia de los departamentos y sindicatos musicales a considerar la música electrónica como auténtica composición. Estos sonidos fueron utilizados por las películas de James Bond hasta *Goldfinger* (Guy Hamilton, 1964). Tampoco aparece acreditada su participación en los efectos sonoros de otras producciones, como el pastiche musical *Just for You* (Douglas Hickox, 1964), adaptado más tarde con números estadounidenses añadidos bajo el título *Disk-O-Tek Holiday* (Vincent Scarza, 1966), o el corto de animación de Richard Taylor *The Princess and the Wonderful Weaver* (1968). En la misma década destaca su contribución sonora a la serie cinematográfica documental *Look at Life*, narrada por Tim Turner.

En estos años son también significativas sus colaboraciones con el documentalista Geoffrey Jones, que realizó importantes filmes bajo el emblema de British Transport Films: en la muy exitosa *Snow* (1963) la partitura de Oram comenzaba buscando las conexiones rítmicas entre los latidos del corazón y el traqueteo de los trenes y desembocaba en un tema característico de la nueva rítmica pop y funk ejecutado por un bajo en constante aceleración; continuaría colaborando con Jones en el tratamiento electrónico de la música para *Trinidad & Tobago* (1964), *Rail* (1967) y *This is Shell* (1970). Entre otros filmes comerciales para los que Oram compuso destacan *Power Tools* (1965), para la empresa sueca Atlas Copco, *Rotolock* (1967), para Rayant Films, y, años más tarde, *Costain Mine* (1977). Como sucedería décadas más tarde con Suzanne Ciani, Oram fue fundamental en la definición de los nuevos lenguajes sonoros de la publicidad, abierta como la ficción y el documental a nuevas formas expresivas. Los trabajos para marcas como Lego, Schweppes o Nestea la ayudaron a financiarse, pero también a considerar la importancia de la creación breve y encapsulada.

Kia Ora (1962), pieza para un anuncio de la marca de tónicas, y *Nestea* (1962) son ejercicios rítmicos y tímbricos insólitos en el medio televisivo; por su parte, su *Lego Builds It* (1966) es una pieza histórica de la creación sonora en publicidad.

A mediados de la década, el control sobre las posibilidades de la música electroacústica es notable, porque los diversos recursos aparecen cada vez más integrados en intencionalidades patentes, aun no tratándose de música aplicada. En su breve pieza *Food preservation* (1964), por ejemplo, los sonidos ascendentes en la escala aportan una clara sensación de liquidez –ahora estilizada, frente al uso de sonidos de agua del anuncio de la lavadora automática *Tumblewash* (1962)–.

En el año 1965 Oram participa en dos proyectos que van a ser significativos en la utilización de la nueva música en el espacio real. *Episode metallic* (1965) es una pieza de cuatro pistas creada para la instalación escultórica cinética y lumínica de Andrew Bobrowsky, instalada durante años en la sede de la compañía de electrónica Mullard en Londres. El ingeniero Graham Wrench, que ayudaba a Oram en los aspectos tecnológicos de su Oramics, recuerda que tuvo que exigir al ingeniero puesto al cargo por la empresa materiales tecnológicos superiores, ya que Oram «estaba produciendo música moderna, con los más altos estándares técnicos y necesitaba un equipo de reproducción a la altura» (Marshall 2009: s. p.). Esta obra, que explora el espacio a través de una panoramización muy avanzada para la producción musical de la época, es también pionera en la definición de una intermedialidad artística que alcanza a nuestros días. Para la exposición celebrada en 1965 en la Royal Academy of Arts *The Treasures of the Commonwealth*, creó *Pulse Persephone* (1965), una composición que articula sonidos procedentes de numerosos instrumentos –gong, sitar, percusiones africanas, etc.– que hacen clara referencia a la acción colonial británica. En esta pieza, más que el espacio, es el tiempo el que cobra importancia mediante el pulso calmado de un bajo modificado que favorece un «tono pensativo» (Roads 2015: 319), así como la percepción separada de las diferencias culturales más que su asunción bajo una misma linealidad etnocéntrica.

Su interés por la difusión de la música electrónica la llevó a participar en dos fascinantes proyectos didácticos en colaboración con la educadora Vera Grey (Niebur 2021: 201): *Electronic Sound Patterns* y *Listen, Move and Dance* (ambos de 1962), dos conjuntos de cortes breves concebidos para el uso educativo en los que los característicos recursos electrónicos de Oram motivaban una escucha y una comprensión sonora y musical muy diferentes en los escolares. Durante años Oram enseñó a estudiantes de secundaria a componer con electrodomésticos de cocina y del hogar, como aspiradoras, como un ejemplo extremo de crear música sin entrenamiento (Sulzer 2021: 3), de ahí nace la serie de grabaciones bajo el título *Adwick High School* (1959-1977 y 1967-1968). En la década de los ochenta también impartiría cursos de música electrónica en la Canterbury Christ Church University.

Con su implicación en todos estos diferentes ámbitos de la radio, la escena, el cine, la televisión, la publicidad, la escultura sonora, el espacio expositivo o la enseñanza, Oram demostraba la capacidad de la nueva música para definir un entorno sonoro y estético-acústico diferente, que se extendía de igual manera en los niveles de la alta cultura y de la cultura popular, que se identificaba tanto con los modos de la creación autónoma como con los de la heterónoma, que desataba la experiencia sonora de las tradiciones musicales ampliando el espectro de la escucha, y también el de la apreciación estética.

4. Secuencias. Oramics

La inspiración inicial para su método óptico de síntesis de sonido se produjo durante un curso de formación técnica inicial de la BBC en Evesham en 1944 (Manning 2012: 138). En 1957 Oram había teorizado ya sobre una máquina que podría sintetizar el sonido a partir de dibujos realizados a mano alzada –aunque según su padre, la idea provenía de su infancia– (Brightwell 2020: *passim*), pero no fue hasta 1962, con la ayuda de una subvención de la Fundación Gulbenkian, cuando el secuenciador óptico ideado por ella empezó a materializarse. «Queremos diseñar esta máquina-con-factores-humanizantes para que el compositor pueda instruirla mediante un lenguaje directo y sencillo. Querrá transducir sus pensamientos lo más rápido posible, a través de un canal que sea lógico», escribiría más tarde (Oram 2016: 131).

Su concepción de la música, la tecnología y la ciencia como realidades unidas al divertimento encontraba su formulación más clara en el nuevo Oramics, un sistema de «música gráfica» que reflejaba «su visión de la música electrónica no como algo sin alma controlado mecánicamente, sino orgánico, divertido y alegremente imperfecto, como cualquier otra música» (Williams 2017: s. p.). A partir del dibujo sobre películas de 35 mm la máquina podía reproducir sonidos sintéticos definiendo las formas de onda, los tonos, el timbre, las variaciones de volumen y otras propiedades.

El segundo de sus hermanos, John Anderson Oram, comenzó ayudándole, desarrollando parte de la mecánica, construyendo el sistema de transporte de la película y un embrague de resorte diseñado para proteger la película en caso de atasco. Pero el proyecto también requería una electrónica sofisticada y para esto Oram recurrió a Graham Wrench, un joven ingeniero al que había conocido hacía años y que trabajaba por entonces en la International Broadcasting Company, que contaba con estudios de grabación muy cerca de la Broadcasting House de la BBC. Oram quería una máquina que ofreciera un control total sobre los sonidos que emitía. Eso significaba cualquier forma de onda, en cualquier frecuencia, desde un ciclo por segundo hasta el límite de la audición. Graham se basó en su experiencia en radares militares de la R.A.F. y comenzó diseñando una base de tiempo para el generador de forma de onda. Así recuerda Wrench el planteamiento inicial:

> Daphne me dijo que quería trabajar fuera de las escalas musicales ortodoxas: pensaba en términos de sonido puro, así que en lugar de considerar una nota como un ‹A›, prefería pensar en ella como una frecuencia de 440 ciclos por segundo (lo que ahora llamaríamos 440 Hertz).

Así que necesitaba idear una forma conveniente de establecer la frecuencia de mi unidad de base de tiempo. Todo debía controlarse dibujando en una película de 35 mm, y descubrí que podía ajustar un máximo de cuatro fotocélulas caseras, una al lado de la otra, en una tira de película. Decidí usar cuatro tiras de película separadas para configurar la frecuencia: una tira establecería el número de unidades de ciclos por segundo; otra el número de decenas de ciclos; una tercera establece el número de cientos de ciclos; la última establecería el número de miles de ciclos por segundo. La ‹programación› real de cada uno se realizó pintando puntos en la película, ¡usando el sistema binario! (Marshall 2009: s. p.)

Perfeccionando los escáneres, Graham logró controlar pronto la forma de las ondas, el tono y el timbre, y lo hizo más tarde con el volumen, el trémolo y el vibrato, que requerían su propia tira de película de 35 mm. El joven ayudante trabajó en el proyecto Oramics durante aproximadamente 18 meses, pero nunca lo vio funcionar por completo. Cuando Wrench dejó Tower Folly en 1966 –fue despedido sin conseguir nunca que Oram le aclarara por qué–, la máquina estaba procesando seis tiras de película –presumiblemente se amplió más tarde a 10–.

Oramics, en esencia un secuenciador más avanzado que los disponibles a principios de la década de 1980, se expone desde 2009 en el Museo de la Ciencia de Londres. Con él Oram hacía una gran aportación a la larga historia de la relación entre lo gráfico y lo sonoro, que no tenía que ver solo con los modos de representación o escritura musical, sino con la forma misma en que la definición del sonido se comprende, y se crea, desde lo gráfico, desde el dibujo. No supuso en cambio un aporte a la historia de la tecnología musical porque Oram no pudo patentarlo: la legislación obligaba a patentarlo en cada país y eso resultaba tremendamente caro, de tal forma que conseguir la patente en Reino Unido abría la veda a que en Estados Unidos, por ejemplo, se hicieran con la idea. Por esta razón Oramics permaneció desconocida hasta hace pocos años.

La primera obra importante creada con Oramics fue la pieza autónoma de ocho minutos *Contrasts Essconic* (1963, perfeccionada en 1968), en la que la reverberación ha dejado de ser un recurso sonoro, una condición accesoria, para convertirse en el elemento expresivo fundamental. En el espacio imaginario definido, los sonidos, en un principio «representativos» –golpes en el metal, goteos, etc.– aparecen en diferentes niveles de profundidad. En un segundo momento, silbatos y silenciadores electrónicos fluidos son emparejados con tonos de piano procesados (pensados para ser ejecutados con un piano en vivo).

Aunque su pensamiento era desprejuiciado respecto de la separación entre alta cultura y cultura popular, o entre arte puro y arte aplicado, una vez definida su máquina Oramics, creó dos líneas de trabajo diferentes: «Commercial Oramics», centrada en las obras de encargo, y «Mystical Oramics», relativa a su producción más libre. No obstante, no se trataba de una diferenciación de rango –su voluntad de experimentación se desplegaba en ambas por igual–, sino más bien de un modo de organización. Todos los trabajos mencionados de radio, cine y televisión de esa década fueron creados con los mismos medios que aquellos que partían de una idea propia o que se vinculaban al ámbito de la alta cultura.

No obstante, en algunas ocasiones la referencia «mística» se volvía explícita, como en *Broceliande* (1669-1970), que hace referencia a los míticos bosques de las leyendas artúricas. En esta pieza la modificación sonora es tan elaborada como desarticulada, con elementos que apenas llegan a darse como motivos alguna vez; que aparecen y desaparecen como si acecharan alrededor de quien escucha, lo cual conduce a un especial estado de sugestión. Son estados de sugestión lo que suele buscar Oram, antes que los acostumbrados estados emocionales con los que se asocia a la experiencia musical.

A principios de los setenta, la capacidad explorativa de Oram es muy amplia y su voluntad de poner por escrito su propia filosofía musical le ayuda a ser más consciente aún de las acciones de cada creación. En ocasiones, sus hallazgos cromáticos en la música electroacústica parecen darse la vuelta para aplicarse a la música tradicional, como en *Pompie Ballet* (1971), una pieza danzística para televisión que traza escalas musicales de lógica diversa en unos timbres desacostumbrados. Otra pieza de ballet, *Bird Of Parallax* (1972), escrita el año de la muerte de su madre para una representación estrenada en el Festival de Edimburgo, juega con los diferentes niveles de «figuración» de la nueva música: desde los sonidos más abstractos y menos representaciones, hasta los miméticos –simulación sonora de cantos y cotorreos de aves– o directamente registrados sin apenas modificación –sonidos urbanos, etc.–.

En su estudio octogonal en Tower Folly, Daphne Oram trabajó junto a otros músicos eminentes: produjo grabaciones en cinta para tres composiciones de Thea Musgrave, dos para instrumento solista y cinta –*Soliloquy* (1969) y *From One to Another* (1970)–, y el ballet *La bella y la bestia* (1969). Con el experimentado Ivor Walsworth, al que conoció en la BBC, compuso las importantes *Passacaglia* (1960), *Contrasts Essconic* (1963) o *Sardonica* (1972). Por su estudio pasaron también los compositores Delia, Derbyshire, que continuó su labor en el Radiophonic Workshop y se haría popular al componer el tema de *Doctor Who*, Elizabeth Maconchy, Richard Rodney Bennet, entre otros, y músicos como Stomu Yamashta. En 1969, Oram apareció en un episodio de la serie *Workshop* titulado «The Same Trade as Mozart» junto a Karlheinz Stockhausen, Tristram Cary y Peter Zinovieff, lo que evidenciaba el reconocimiento a su aportación en la música electrónica, aunque tal reconocimiento fuera pronto ahogado por el olvido.

Consciente de que el reconocimiento de la música electroacústica y electrónica debía jugarse en varios frentes, durante los años sesenta extendió su compromiso más allá de la invención tecnológica y de la composición y desarrolló una importante labor como parte del ejecutivo del Composer's Guild y del Subcomité de Música del Arts Council (familyhistory.oram.ca). Cerca del final de la década de 1980 lanzó ORAM (Out and Round About with Music), un programa de actuaciones al aire libre para personas mayores con problemas de movilidad, y a principios de los años noventa participó también activamente en la Performing Rights Society.

Los años ochenta supusieron el desarrollo de su tecnología unida a la informática. Alrededor de 1981, Oram empezó a hacer música usando un Apple II recién comprado. Después del lanzamiento de Acorn Archimedes en 1987 y financiada por la Ralph Vaughan Williams Trust y el Arts Council, comenzó a desarrollar una versión de software de Oramics para PC. En 1994, sin embargo, Oram sufrió el primero de dos derrames cerebrales y tuvo que retirarse de la composición terminando sus días en un hogar de ancianos. Murió el 24 de enero de 2003, apenas cumplidos los 78 años.

5. Resonancias. Cuatro aspectos de la música de Daphne Oram

Analizada desde la actualidad, y más allá de la innegable cualidad de sus composiciones, la investigación musical de Daphne Oram en los medios electroacústicos y electrónicos es enormemente amplia y alcanza prácticamente a todos los aspectos de lo sonoro y de lo musical, tanto los «textuales» –los elementos acústicos, las formas musicales, etc.– como los «contextuales» –los medios de producción, difusión y uso–.

En este apartado presentaré los que considero más relevantes: la recuperación de la materialidad musical desde la tecnología; la comprensión conjunta de lo gráfico y lo sonoro, dimensiones que tradicionalmente estuvieron ligadas pero que, en su Oramics y en su obra, encuentran un medio de interacción más radical; la forma de asumir desprejuiciadamente la relación entre lo culto y lo popular en la nueva música, así como su capacidad para no limitarse a los clichés de los sonidos electrónicos extendidos en los años sesenta; y, por último, su peculiar relación con la afectividad, que rompe con la tradición romántica y popular para llegar a nuevas experiencias no definidas por las emociones básicas.

5.1. *La materialidad musical*

La obra musical de Oram ocupa un lugar significativo en esa línea moderna de recuperación de los aspectos materiales de la música que comienza en Occidente con Debussy, quien, como escribía Francisco Ramos, «[...] al emancipar el sonido de su condición de eslabón de una cadena en la armonía fundamental, al deleitarse con la sonoridad de cada instrumento, abre nuestra percepción hacia la comprensión de la música como algo ajeno al gesto dramático, a la narración sonora derivada de la influencia del teatro y la literatura» (Ramos 1994: 15).

La música electroacústica y electrónica juega un papel importante en esta emancipación del sonido, no tanto porque este pueda liberarse de sus fuentes tradicionales, sino porque la formatividad musical deja de identificarse exclusivamente con la «escritura» o el «lenguaje» musicales, para hallarse también en aspectos que antes se tomaban como accesorios y contingentes, como la reverberación, el eco, etc. Por esta razón afirmaba Trevor Wishart que «Desde el último cuarto del siglo xx ahora parece claro que el punto de inflexión central en el cambio de nuestra visión de lo que constituye la música tiene más que ver con la invención de la grabación de sonido y con el procesamiento y la síntesis de sonido que con cualquier desarrollo específico dentro del lenguaje de la música en sí» (Wishart 1985: 5).

En general la nueva música recuperaría los factores del sonido vinculados a la ambientalidad, la amplitud, la capacidad y la extensión espacial, hablando en términos de ondas, frecuencias, vibraciones o resonancias. Como afirma Magda Polo, «Los logros de este tipo de música incitaron a que los músicos incorporaran el espacio como un parámetro más de la música junto con el tiempo» (Polo 2020: 184). En estos logros es evidente que la radio fue la mejor escuela para todos los compositores de música concreta y electrónica; el medio radiofónico había buscado siempre definir una plasticidad espacial que la ausencia de imagen visual dificultaba. Más aún la radio unida al drama, unión en la que Oram hizo tantas contribuciones. Según Jo Hutton «Oram compartió con Varèse una preocupación en su estilo compositivo por la relación entre el espacio y el tiempo en la música. Esto se refleja en todas sus piezas completas, caracterizadas por largas pausas, la observación del silencio que está elaborado en su trabajo y un sostenido prolongado en notas individuales donde el 'timbre' evoluciona en tiempo real como algo que se articula durante la interpretación con tanto énfasis como la ejecución de notas en la música convencional» (Hutton 2003: 51).

Las composiciones de Oram buscaban desarrollar el sonido y sus potencialidades expresivas en el medio físico espacial, confiando en la importancia del cuerpo, el entorno y los materiales a la hora de ofrecer campos acústicos, resonancias, etc. Su conciencia «mística» o «mistérica» era en este sentido claramente telúrica y material. La recuperación de esa materialidad del sonido no constituía pues una mera des-espiritualización o des-subjetivización que pudiera conducir a un materialismo *tout court*, sino una espiritualización y una subjetivización diferentes, confiadas ahora a la materia y a una tecnología humana capaz de hacerla sonar y resonar.

Por eso no extraña que tal materialidad vaya unida muchas veces a cierto carácter fantasmático: algunas obras de Oram, como *Episode metallic* (1965), pretendían explorar o definir una espacialidad diferente, superpuesta a la real como un fantasma. Esta apariencia fantasmática de las composiciones de Oram no se debe a los clichés de la música electrónica ya extendidos en la cultura de masas de los años sesenta, tiene que ver con esta superposición de un espacio irreal sobre el espacio acústico y real, como ocurría ya en su primera gran obra, *Still Point* (1948-1950), en la que una orquesta pregrabada envolvía a la orquesta grabada como un velo irregular. Lo acusmático –aquello «que se oye sin ver la causa originaria del sonido» (Chion 1993: 74)– alcanza en Oram una dimensión diferente de la que tenía en Schaeffer, porque esa presencia que viene de una ausencia se mantiene en el juego entre un nivel *húmedo*, que define un espacio sonoro irreal, y un nivel *seco* que explora el espacio sonoro real. Por esto se empieza a hablar de «atmósferas», y por esto se consolida en esos años el cliché de los nuevos sonidos para hacer referencia a los fantasmas y al «espacio exterior». Pero, más allá de esto, lo que Oram consigue es un juego «estructural» –y estructuralista– entre dos tipos de espacialidades. Podría decirse, por tanto, que su música no solo busca una nueva materialidad, alejándose del subjetivismo romanticista, sino también una nueva subjetividad, ajena a ese sujeto del idealismo moderno y ofrecida ahora por esa capacidad de «hacer aparecer» del sonido.

Una de las ideas en las que Oram insiste más abiertamente en su *An Individual Note* tiene que ver con este juego de ausencia-presencia y aparecer-desaparecer que involucra al sonido. Allí contrapone dos modos de entender una misma realidad a los que denomina ELEC, «la liberación, durante un período de tiempo, de la tensión material, eléctrica, creada por la 'chispa' inicial», y CELE, «lo que yace escondido, e intangible, emerge gradualmente... se eleva a la existencia» (Oram 2016: 26). En su particular metafísica, ambas dimensiones –aquello que se libera y desaparece y aquello que se materializa y se hace aparecer– aportan al unirse una visión y «una conciencia completa del ser» (Oram 2016: 28).

5.2. *Lo gráfico y lo sonoro*

En la tradición griega la ἁρμονία y la συμμετρία fueron, durante mucho tiempo y respectivamente, las formas audible y visible de la belleza, dos dimensiones de una misma raíz de apreciación y valor estéticos. Era tan aceptada esa coalición –y esto a pesar de seguir vidas paralelas–, que el sistema tonal occidental no podría haberse conformado de no ser por esta íntima conexión entre música y representación gráfica. La música electrónica implicaría una nueva conciencia gráfica de lo sonoro fundada en el dibujo mismo de las diferentes ondas.

En Oram la música está unida al pensamiento gráfico, y el dibujo y lo sonoro establecen relaciones fundamentales. Por una parte, sus escritos están plagados de esquemas e ideogramas, de dibujos que no solo pretenden expresar gráficamente ciertas ideas, sino que se presentan como identificados con tales ideas, como siendo las ideas mismas. Por otra parte, su interés en generar una tecnología de producción y modificación del sonido desde el dibujo la llevó al diseño de su máquina Oramics, un medio de creación musical que cambiaba la escritura por el trazo gráfico. En *An Individual Note* definía así lo que había que pedirle a la «máquina de música»:

1. Dibujo a mano alzada de todas las instrucciones.

2. Facilidades para dibujar, por separado, las instrucciones para cada parámetro.

3. Un sistema de seguimiento que permita una «retroalimentación» inmediata, o casi inmediata, del resultado.

4. Fácil acceso a las instrucciones de parámetros separados para que, después de la supervisión, se puedan realizar alteraciones y volver a controlar los resultados. (Oram 2016: 127)

Con estas premisas, Oramics permitiría componer desde referentes que ya no estarían mediados por la escritura, sino por el dibujo, que para Oram es más originario. La forma de generación y alteración del sonido se renovaba de manera significativa haciendo posible una comprensión de lo musical muy diferente, menos intelectualizada quizás. Ello no implicaba dejar atrás el «lenguaje» musical –muchos medios de la formatividad musical reaparecen en las obras compuestas con su Oramics–, pero es verdad que las formas musicales rehabilitadas en la música electrónica no pueden evitar adherirse al simbolismo mecanicista al que se sumaron obras como el *Ballet mécanique* (1924) de Antheil y Léger o el posterior *Il Casanova di Federico Fellini* (1976) de Nino Rota.

Una de las obras compuestas con su máquina, *Fanfare of Graphs* (1968), alude directamente al elemento gráfico. Los dibujos trazados en la película tienen la capacidad de generar esta pieza musical ceremonial, como si de varias trompetas se tratara, pero Oram no busca la simulación sintética de los sonidos tradicionales y hace que un dibujo imperfecto trace y origine una música imperfecta. Toda su preocupación se dirige a hallar las vinculaciones entre lo sonoro y lo humano más allá de las que atestigua la música como producción histórica. La condición de posibilidad de ese reencuentro sonoro con lo humano viene dada, paradójicamente, por la tecnología.

5.3. *Lo culto y lo popular*

Como hemos visto, la distinción entre la música culta y la música popular y su atención a ambas es crucial en el desarrollo de la música electrónica británica, porque se establece como una cualidad nacional frente a las experimentaciones cultas de París y Colonia. Según David McCarthy, Oram «Expresó su devoción por esta distinción manteniendo su música a años luz de la música popular contemporánea. Sus grabaciones más conocidas [...] parecen casi desdeñosamente insulsas, simplistas hasta el punto de una crudeza descarada en términos de forma, melodía, armonía, ritmo o textura» (McCarthy 2020: 74). Podría decirse que Oram jugó creativamente con la alternativa *high culture/ low culture*, pero en términos diferentes de la usual mirada prejuiciosa que toma lo alto como norma y medida.

Es la voluntad de divertimento, alzado al nivel de categoría estética, lo que hace que la usual distinción se dé en su obra de una manera completamente diferente. Todas las composiciones que podrían identificarse con cierta sublimidad, por estar destinadas a una relación con artes «mayores», contienen un componente lúdico explícito, cuando no pasajes abiertamente infantiles y desmitificadores. Por contra, la música compuesta para comedias y obras ligeras no renuncia nunca a un carácter explicativo y experimental. Oram elabora su obra sobre la distinción cultural –la radio británica se ha debatido en esa alternativa desde los años cuarenta–, pero su interpretación de lo que sea culto o popular es singular, porque trastoca asociaciones usuales como culto-experimental, docto-serio, popular-infantil o ligero-lúdico.

Otro hecho significativo ya aludido es el relacionado con ciertos clichés musicales que afectaban a la música electrónica y que estaban ya asentados en la cultura popular en la década de 1960. Desde muy pronto, el sonido de dos de los primeros elementos electrónicos, el theremín y las ondas Martenot, se asoció en el imaginario popular con la experiencia de lo trascendente, lo sobrenatural o lo sideral. En *Recuerda* (Alfred Hitchcock, 1945), Miklós Rózsa recurría al theremín para la escena daliniana del sueño y los momentos de trance mental; en *Ultimatum a la tierra* (Robert Wise, 1951), Bernard Herrmann lo hacía para señalar la presencia alienígena; y, en *Los diez mandamientos* (Cecil B. De Mille, 1956), a Elmer Bernstein le servía para expresar la intervención divina. Por su parte, en *Planeta prohibido* (Fred M. Wilcox, 1956) Bebe y Louis Barron crearon la primera banda sonora completamente electrónica simulando en ocasiones el timbre de estos instrumentos para definir el espacio y la vida extraterrestre. Oram consiguió servirse de los valores cultos de estos sonidos, como los definió Clara Rockmore en el caso del theremín, haciéndolos compatibles con los sentidos más populares. Esa era una de sus principales capacidades: simultanear niveles de escucha y comprensión cultural.

5.4. *Más allá de la afectividad*

El cuarto aspecto destacable es su especial aportación a la tradicional relación entre la música y la afectividad, que constituye un motor de desarrollo de la música occidental junto con las relaciones música-número y música-sagrado. En Oram los afectos no suelen aparecer bajo la forma de la usual exigencia romanticista y popular de la música como motor de las emociones. El tipo de afectividad que le interesa no tiene que ver con las emociones y los sentimientos básicos, ni con las pasiones, cargados simbólicamente por cierto subjetivismo e individualismo, sino con otros factores que incorporan al cuerpo y al entorno. Se trata de una afectividad de la sugestión, de la «resonancia simpatética» (Oram 2016: 44 y 75), que afecta tanto a la psique como a los cuerpos que entran en relación. Son conocimientos como la teoría de la información o la cibernética, en claro avance durante aquel tiempo, los que le sirven a la artista para articular sus nuevas ideas sobre una afectividad más amplia y primordial. Como aprecia Deirdre Loughridge, «Mientras Oram seguía un programa de investigación e invención musical en las décadas de 1960 y 1970, la cibernética ofrecía un vocabulario, una metodología y una ontología que conectaban los mundos del arte informático y el progreso científico con los del espiritualismo y la percepción sensorial superior» (Loughridge 2021: 503).

A finales de la década de 1970 Oram había comenzado un segundo libro titulado *The Sound of the Past. A Resonating Speculation* en el que teorizaba sobre la acústica arqueológica sugiriendo que los cairn con cámaras del Neolítico y los antiguos emplazamientos megalíticos de Stonehenge o la Gran Pirámide en Egipto fueron usados como resonadores. Según ella, los antiguos podrían haber poseído un amplio conocimiento sobre las propiedades del sonido en la comunicación a larga distancia bajo la forma puramente acústica, pero también bajo la forma de esa «resonancia simpatética» que permite conectar cuerpos que no están en contacto. directo.

Sus singulares teorías se dirigían en último término a una concepción de la música que rehabilitaba el poder del sonido haciendo abstracción de todo el desarrollo musical occidental, remontándose al origen, empezando en otro lugar. Desde ese lugar, la música, como sonido construido, podía refundar otra conciencia, otra subjetividad, otra experiencia, otra vida: «¿Estamos desarrollando para siempre nuestras *regiones de resonancia* para que nuestra conciencia individual surja, para que podamos afirmar nuestra individualidad? ¿Se resuelve de esta manera el tumulto de la existencia en una forma de onda personal final, la encarnación de toda la interpretación propia del arte de vivir?» (Oram 2016: 46).

Referencias

Angliss, Sarah (2016): «Introduction», en Daphne Oram, *An Individual Note of Music, Sound and Electronics*. Londres: Galliard Paperbacks, 5-13.

Brightwell, Eric (31 de diciembre de 2020): «Daphne Oram», en *One thought on «Daphne Oram»* [Web]. Disponible en: https://ericbrightwell.com/2020/12/31/daphne-oram/ [consulta: 26/08/2022]

Bulley, James (2018): «BBC Proms Profile: Still Point», *Pioneers of Sound*, 2018(13), 1. DOI: https://doi.org/10.25602/GOLD.00024264

Chion, Michel (1993): *La audiovisión. Introducción a un análisis conjunto de la imagen y el sonido*. Barcelona: Paidós.

Davey, Alan (16 de septiembre de 2016): «BBC Radio 3 at 70: not just Proms and pizzicati», *The Guardian*. Disponible en: https://www.theguardian.com/tv-and-radio/2016/sep/16/bbc-radio-3-at-70-not-just-proms-and-pizzicati [consulta: 26/08/2022]

Hutton, Jo (2003): «Daphne Oram: Innovator, writer and composer», *Organised Sound, 8*(1), 49-56. DOI: https://doi:10.1017/S1355771803001055

Loughridge, Deirdre (2021): «Daphne Oram: Cyberneticist?», *Resonance* 1 December 2021; 2 (4): 503–522. DOI: https://doi.org/10.1525/res.2021.2.4.503

McCarthy, David (2020): «"Attitudes Toward History" and the Radiophonic Compositions of Daphne Oram and the Firesign Theatre», en Jarmila Mildorf y Kim Verhulst (eds.) *Radio Art and Music: Culture, Aesthetics, Politics*. Londres: Lexington Books.

Manning, Peter (2012): «The Oramics Machine: From vision to reality», *Organised Sound, 17*(2), 137-147. DOI: https://doi:10.1017/S1355771812000064

Marshall, Steve (2009): «Graham Wrench: The Story of Daphne Oram's Optical Synthesizer», *Sound on Sound*, Febrero 2009. Disponible en: https://www.soundonsound.com/people/graham-wrench-story-daphne-orams-optical-synthesizer [consulta: 26/08/2022]

Niebur, Louis (2021): «Case Studies of Women on Electronic Music: The Early Pioneers», en Laura Hamer (ed.) *The Cambridge Companion to Women in Music since 1900*. Nueva York: Cambridge University Press.

Oram, Daphne (2016): *An Individual Note of Music, Sound and Electronics*. Londres: Galliard Paperbacks.

Polo, Magda (2020): *Historia de la música*, 5ª edición revisada y aumentada. Santander: Ediciones Universidad Cantabria.

Ramos, Francisco (1994): *Guía de la Música Clásica Grabada. Volumen 4: Siglo xx*. Sevilla: Fundación Luis Cernuda.

Roads, Curtis (2015): *Composing Electronic Music: A New Aesthetic*. Nueva York: Oxford University Press.

Sulzer, David (2021): *Music, Math, and Mind. The Physics and Neuroscience of Music*. Nueva York: Columbia University Press.

Wishart, Trevor (1985): *On Sonic Art*. York: Imagineering Press.

Williams, Holly (17 de junio de 2017): «Daphne Oram, la desconocida pionera de música electrónica que transformaba imágenes en melodías», BBC Culture. Disponible en: https://www.bbc.com/mundo/vert-cul-40225071 [consulta: 26/08/2022]

Otras fuentes

Daphne Oram Archive. Goldsmiths Special Collections and Archives. Londres: University of London. GB 2603 ORAM/3/4

John Oram 1824-1907 his life and family [Web]. Disponible en: https://familyhistory.oram.ca/john1824/?page_id=242 [consulta: 26/08/2022]

www.daphneoram.org [consulta: 26/08/2022]

Pauline Oliveros: escucha profunda y meditación sonora

MAGDA POLO PUJADAS
Universitat de Barcelona

> Walk so silently that the bottoms of
> your feet become ears.
> (Pauline Oliveros)

> Through Pauline Oliveros and Deep
> Listening I finally know what harmony is...
> It's about the pleasure of making music.
> (John Cage)

1. Pauline Oliveros: ser humano de dos piernas, mujer, lesbiana, músico, compositora y activista

Pauline Oliveros se define como «un ser humano de dos piernas, mujer, lesbiana, músico, compositora entre otras cosas que contribuyen a su identidad» (Oliveros 1971: 103)[1]. Con esta definición

---

1   «[...] a two-legged human being, a female, lesbian, musician, composer among other things which contribute to her identity».

no nos cabe ninguna duda de que la vida de Oliveros se desmarcaría claramente de la heteronormatividad, del patriarcado hegemónico y de los discursos totalitarios y opresores. A pesar de haber nacido en una familia de marcado carácter racista, ella siempre luchó por la igualdad entre las personas, independientemente de su raza, religión, sexualidad, género, etc.[2] Y luchó especialmente para que las mujeres fueran des-silenciadas de la historia de la música y del mundo de la composición musical. En un artículo que apareció en el New York Times en septiembre de 1970 expresa que las mujeres estaban relegadas al trabajo doméstico y bajo el dominio de los hombres, que las mujeres compositoras estaban subyugadas incluso a hombres menos talentosos que ellas, la sociedad así lo ha establecido y perpetuado. En esta cuestión, Oliveros reconoce en el papel de la crítica musical un buen instrumento para educar a la sociedad y que debe considerar a las mujeres-músico en otros ámbitos que no sean tan solo el interpretativo. El crítico tiene que sentirse responsable de saber cuál es la música que se compone en su época independientemente de que sea la de un hombre o la de una mujer, porque la finalidad está en conseguir una igualdad en la sociedad de mujeres y hombres.

Sigue siendo cierto que, a menos que sea superexcelente, la mujer en la música siempre quedará subyugada, mientras que los hombres de igual o menor talento encontrarán su lugar. No basta con que una mujer elija ser compositora, directora o tocar instrumentos que antes eran tocados exclusivamente por hombres; no puede evitar ser aplastada en sus esfuerzos, si no directamente, sí por la exclusión sutil e insidiosa de sus homólogos masculinos. [...] Ciertamente los mayores problemas de la sociedad nunca se resolverán hasta que exista entre todos los hombres y mujeres una atmósfera

---

2   En el artículo que escribió Oliveros titulado «Cues» podemos apreciar cómo se desarrolló su vida en el entorno familiar y musical (Oliveros 1993: 373-383).

igualitaria que utilice el robo total de energías creativas. (Oliveros 1970: 23)[3]

Marta Mockus en su libro *Sounding Out: Pauline Oliveros and Lesbian Musicality* pone en un mismo lugar lo político, lo espiritual, lo femenino y lo lésbico en la música de Oliveros. El momento histórico que le toca vivir a Oliveros la sitúa en la segunda ola del feminismo y como a una persona activa y luchadora[4]. En ella, hay también

---

3   «It is still true that unless she is super-excellent, the woman in music will always be subjugated, while men of the same or lesser talent will find places for themselves. It is not enough that a woman chooses to be a composer, conductor or to play instruments formerly played exclusively by men; she cannot escape being squashed in her efforts— if not directly, then by subtle and insidious exclusion by her male counter parts. [...] Certainly the greatest problems of society will never be solved until an equalitarian atmosphere utilizing theft total creative energies exists among all men and women» (Oliveros 1970: 23).

4   Oliveros nos ha explicado por qué su música es feminista a pesar de que su activismo ha llevado a esa conclusión, como bien comenta Fed Maus en «A Conversation about Feminism and Music»:
    «En particular, una interpretación del feminismo de Oliveros puede tener especial importancia debido a su creatividad musical no tradicional. Es decir, la reflexión sobre la obra musical de Oliveros, junto con sus escritos, podría conducir a ideas sobre la relación entre el feminismo y las actividades musicales innovadoras, y también podría contribuir a una crítica feminista de las principales instituciones de la música clásica. Por supuesto, para completar una afirmación tan ambiciosa, sería necesario interpretar una parte importante de la obra de Oliveros en relación con el feminismo; Esto requeriría cierta especulación imaginativa, ya que la propia Oliveros no ha comentado, generalmente, los aspectos feministas de sus composiciones específicas, improvisaciones, meditaciones, obras de performance, etc.». (Oliveros y Maus 1994: 175). [«In particular, an interpretation of Oliveros's feminism may have special importance because of her nontraditional musical creativity. That is, reflection on Oliveros's musical work, taken together with her writings, might lead to insights about the relation between feminism and innovative musical activities, and might also contribute to a feminist critique of mainstream classical-music institutions. Of course, to fill out such an ambitious claim, one would need to interpret a significant portion of Oliveros's work in relation to feminism; this would require some imaginative speculation, since Oliveros herself has not usually commented on feminist aspects of her specific compositions, improvisations, meditations, performance works, and so on» (Oliveros and Maus 1994: 175)].
    El investigador Timothy D. Taylor sostiene que la pieza *Crow Two* (1975) puede ser interpretada de manera feminista.

un importante reconocimiento del «cuerpo»[5] y una constatación de su búsqueda del equilibrio entre el cuerpo y la mente, entre lo material y lo espiritual, entre lo objetivo y lo subjetivo. El espacio doméstico y cotidiano de Oliveros alimentó muchas de sus obras. Sin ir más lejos, *Time perspective* (1960) consistió en unas grabaciones que realizó desde el apartamento en el que convivía con la novia de esa época, Laurel Johnson, en las que se oía la risa de ambas. Otra pieza que es claramente una crítica al papel de la mujer en el mundo de la ópera la representa *Bye Bye Butterfly* en la que intertextualiza a la ópera de Puccini *Madama Butterfly* haciendo desaparecer el reconocimiento del sexo de quien canta. Una obra que también pone en relieve la situación marginal que ha tenido la mujer en la historia de la cultura, aludiendo al papel que tuvieron en la Edad Media las brujas, es la de *I of IV* donde ella misma reconocía que buscaba sonidos y los hacía chocar entre ellos obteniendo como resultado el fruto de una especie de alquimia y que se sentía perseguida por ello. Por otro lado, cabe resaltar que las veinticinco piezas de meditación guiada *Sonic Meditations* (1971) fueron creadas solo para mujeres[6]. Uno de los objetivos era despertar la conciencia de muchas mujeres respecto al poder que tenía el hombre en la sociedad y también plantearles dudas acerca de quién podía tener talento, quién podía componer música, etc.

El conocimiento de la técnica de diversos instrumentos le dio a Oliveros una versatilidad y una flexibilidad instrumental destacable para conseguir una apertura a distintos timbres y sonidos diversos. Tocaba el violín, el piano, la tuba, la trompa, pero el instrumento que eligió como su favorito fue el acordeón[7], un instrumento asociado especialmente a la música popular y que ella llevó a experimentar hasta

---

5   El trance es un estado psicológico elemental, también es un fenómeno fisiológico. Determinados estados de trance, como el trance chamánico, tienen profundas conexiones históricas y funcionales con los orígenes de la religión en todo el mundo. El lenguaje del cuerpo que desentrañará el mito es el lenguaje del trance.

6   Oliveros fue jugadora de softball femenino, un deporte parecido al béisbol.

7   Para Oliveros era importante porque era un instrumento que, según su opinión, se podía abrazar y estaba cerca del corazón.

transformarlo en uno de los instrumentos expandidos más importantes. Las piezas para acordeón (asociado a lo largo de la historia de la música a una cierta nostalgia) dejaron ver de manera nítida los desengaños amorosos por los que había tenido que pasar Oliveros y que le dejaron huella. Eso le sirvió para utilizar la música como terapia particular y personal.

Toda su vida estuvo dedicada a ser ella misma, tanto en su vida privada como en su vida pública. No eran dos o más las Paulines que se daban a conocer a partir de su actividad musical sino una sola[8]. A partir de todos los logros que consiguió, consideramos que su trabajo musical y musicológico es de gran relevancia y que es imprescindible que llegue a conocerse en ámbitos que están más allá de los EE. UU. o que están insertos en lo que se conoce actualmente por terapias alternativas que utilizan la musicoterapia, en la que se siguen muchos de los caminos que ella trazó. Así pues, este ensayo pretende que se la reconozca y se la valore de manera incuestionable por lo que fue y por lo que hizo.

Oliveros queda fuera de las antologías e historias musicales del siglo XX, apenas se menciona, o cuando se dice una palabra sobre ella, se la conecta muy brevemente con la música grabada en cinta de los años 1960 o con el espiritualismo, la sexualidad y/o el feminismo de la nueva era –con exclusión de cualquier otra perspectiva–. Ni siquiera se la menciona en *Exploring Twentieth-Century Music* de Arnold Whittall o en su *Music since the First World War*, o en *Anthology of Twentieth- Century Music* de Robert Morgan. En *Cambridge History of Twentieth-Century Music* y en *Twentieth-Century Music: An Introduction*, de Eric Salzman, recibe una mención superficial, como si todos la conociéramos, pero presumiblemente de otra fuente. En *The Future of Modern Music,* tiene un breve párrafo con "otros compositores", que nos dice (sin referencia) que a ella

---

8   Recomendamos el vídeo realizado por Robert Ashley *Music with Roots in the Aether,* en el que se pueden escuchar piezas suyas y verla travistiéndose de una «mujer, mujer» (como decía ella), que sigue el estereotipo heterosexual. La transformación la realizó la actriz lesbiana Carol Vencius.

"una vez se la distinguió como la compositora más radical" (McHard 334). No está claro qué se quiere decir con esto, porque su trabajo no se describe: su fama parece ser la de que interpretó una pieza en el festival ONCE, y solo se menciona su trabajo grabado en cinta musical de los años sesenta. *Modern Music and After: Directions since 1945* de Paul Griffiths analiza a Oliveros bajo el título "Sexo y sexualidad". (McMullan 2010: 10)[9]

2. La escucha profunda

Oliveros se interesó desde muy niña por la naturaleza sensual del sonido, por su poder de sincronización, coordinación, liberación y cambio. Para ella, «la audición» es algo involuntario, pero «la escucha» es un proceso voluntario que, a través de la formación y la experiencia, enriquece la cultura. Fue a partir de 1953 cuando la compositora se centró en la escucha al recibir por parte de su madre una grabadora como regalo de su vigésimo primer cumpleaños. Desde entonces nunca más dejó de prestarle atención a la escucha y a su naturaleza.

Como músico, me interesa la naturaleza sensual del sonido, su poder de liberación y cambio. En mis actuaciones alrededor de todo el

---

9 «Oliveros is either left out of twentieth-century music histories and anthologies, barely mentioned, or when a word is said about her it connects her either very briefly with tape music of the 1960s or with new-age spiritualism, sexuality, and/or feminism —to the exclusion of any other perspective. She is not even mentioned in Arnold Whittall's *Exploring Twentieth-Century Music* or his *Music since the First World War*, or in Robert Morgan's *Anthology of Twentieth-Century Music*. In the *Cambridge History of Twentieth-Century Music* and in Eric Salzman's *Twentieth-Century Music: An Introduction*, she receives passing mention, as if we all know of her, but presumably from another source. In *The Future of Modern Music*, she has a short paragraph with other "additional composers," which tells us (without reference) that she "once had the distinction of being the most radical woman composer" (McHard 334). It is unclear what is meant by this, because her work is not described here: her claim to fame seems to be that she performed a piece at the ONCE festival, and only her tape music work from the sixties is mentioned. Paul Griffiths's *Modern Music and After: Directions since 1945* discusses Oliveros under the heading "Sex and Sexuality"» (McMullan 2010: 10).

mundo, intento transmitir al público la forma en que experimento el sonido tanto cuando lo escucho como cuando lo toco. A esta forma de experimentar el sonido la llamo "escucha profunda". La escucha profunda es escuchar de todas las formas posibles todo lo posible; esto significa que uno escucha todos los sonidos, sin importar lo que esté haciendo. Esta escucha intensa incluye escuchar los sonidos de la vida diaria, de la naturaleza y de los propios pensamientos, así como sonidos musicales. La escucha profunda es mi práctica de vida. (Oliveros 1995: 19)[10]

«Deep Listening» o «Escucha profunda»[11] es escuchar[12] de todas las maneras posibles todo lo posible sin importar lo que estés haciendo[13]. Una escucha de este tipo incluye los sonidos de la vida cotidiana,

---

10   «As a musician, I am interested in the sensual nature of sound, its power of release and change. In my performances throughout the world, I try to transmit to the audience the way I experience sound both when I hear it and when I play it. I call this way of experiencing sound "deep listening." Deep listening is listening in every possible way to everything possible this means one hears all sounds, no matter what one is doing. Such intense listening includes hearing the sounds of daily life, of nature and of one's own thoughts, as well as musical sounds. Deep listening is my life practice» (Oliveros 1995: 19).

11   La compasión y el amor son los principios motivadores centrales que guían la toma de decisiones creativas y nuestras acciones en el mundo.

12   Se han realizado muchos estudios sobre el oído y sus implicaciones en el cerebro pero no sobre la escucha:
      «There are many studies on hearing. The functional operations of hearing and the mechanism of the ear are measurable. What is not measurable in physical terms is the experience of listening. Listening remains mysterious unless experience is described and understood in consensus. Consensus listening takes place in group improvisations. Consensus comes after the action of making the music together. What remains mysterious is how the myriad decisions and actions that make the music happen during the space between the rP (readiness Potential) and the performing are coordinated so spontaneously» (Oliveros 2012: 72).

13   Para la mayoría de las artistas, músicos y musicólogos, el «Deep Listening» es una práctica que consiste en ejercicios de escucha, sonido y piezas que Oliveros y sus colaboradores compusieron desde 1970. Los resultados de estas piezas se procesan mediante discusiones grupales en talleres y retiros, informan al artista y al público y hacen del arte una armonía sin esfuerzo. La inclusión es esencial para el proceso de desbloquear

de la naturaleza, de los propios pensamientos y de los sonidos musicales. La escucha profunda representa un estado elevado de conciencia y se conecta con todo lo que existe. La escucha profunda implica ir por debajo de la superficie de lo que se escucha, expandirse a todo el campo del sonido mientras se está enfocando. El campo tiene una lógica y una estructura como si fuera una gran pieza musical compleja. Esta es la forma de conectar con el entorno acústico, con todo lo que lo habita y todo lo que existe.

Lo que se escucha cambia al ser escuchado y cambia al oyente, este proceso recibe el nombre de «efecto de la escucha» y se entiende en cómo procesamos lo que escuchamos. En 1990 Oliveros publicó *Deep Listening Pieces* y definió dos modos de escucha: la escucha focal y la escucha global[14]. Cuando se utilizan y se equilibran ambos modos, estamos ante una conexión total, una conexión que abraza todo el Universo. La escucha focalizada obtiene detalles de cualquier sonido y la escucha global expande a través de todo el campo el sonido.

Escuchar es dirigir la atención a lo que se escucha, captar su significado, interpretarlo y decidir cómo vamos a actuar. Es importante focalizar los mínimos cambios que puedan producirse en un sonido a pesar de que este pueda parecernos el mismo. Nunca será el mismo porque nuestro yo está cada vez cambiando. En esta visión podríamos encontrar el eco de la concepción humeana del «yo», ya que no se revela la existencia de un yo continuo sino de una suma de estados mentales que van cambiando. Refiriéndonos al *Tratado de la naturaleza humana* de David Hume, creemos elocuente este párrafo:

> Pero ¿qué sucederá con todas nuestras percepciones particulares, partiendo de esta hipótesis? Todas son diferentes, distinguibles y separables entre sí y pueden ser consideradas separadamente, pueden existir separadamente y no necesitan de nada para fundamentar su

---

todas las capas de la imaginación, el significado y la memoria hasta el nivel celular de la experiencia humana.

14   Más tarde añadió otra función, la testimonial.

existencia. ¿De qué manera, pues, pertenecerán al Yo y cómo se enlazarán con él? Por mi parte, cuando penetro más íntimamente en lo que llamo mi propia persona, tropiezo siempre con alguna percepción particular de calor o frío, luz o sombra, amor u odio, pena o placer. No puedo jamás sorprenderme a mí mismo en algún momento sin percepción alguna, y jamás puedo observar más que percepciones. (Hume s. a.: 190-191)

Hay una clara multiplicación de lo que llamamos o reconocemos como «yo», en cada momento. Según las sensaciones que experimentamos y percepciones que recibimos se constituye un yo distinto, que por estas cualidades se torna en un yo experimental y rico. Y, lógicamente, la escucha, como ámbito en el que nos dirigimos al sonido, al ruido, etc. se transforma en una capacidad de construcción del yo.

La escucha cuántica[15] es escuchar de tantas maneras como sea posible simultáneamente; cambiar y sentir que uno cambia a causa de esa escucha. La vida es una gran improvisación, vivimos abiertos a una infinidad de cosas que acaecen, que nos alejan del otro, que nos aproximan, etc. En esta escucha cuántica Oliveros reconoce un papel muy especial de la tecnología y de la electrónica aplicada al arte sonoro. Gracias a la música electrónica podremos escuchar sonidos que pasarían imperceptibles y podremos crearlos, a la vez.

La escucha cuántica es una teoría derivada de la práctica de la escucha profunda; como podemos apreciar, práctica y teoría se dan la mano en Oliveros. No necesariamente se debe saber música para experimentar ese tipo de escucha. Para la compositora, la música debe pertenecer a todo el mundo porque el mundo está lleno de música, como afirmaban John Cage y Murray Schafer. La escucha cuántica es «escuchar nuestra escucha»; escuchar más de una realidad simultáneamente.

---

15   El etnomusicólogo norteamericano Mantle Ki Hood en sus últimas publicaciones se acercó a la física cuántica. Su principal hipótesis consistía en que cabe considerar una unidad muy pequeña de la escala temporal del sonido (como una partícula subatómica), con la que preparaba un modelo de investigación para la musicología basado en la física cuántica. La misma Oliveros habla de él en su artículo sobre música cuántica.

Todo el cuerpo escucha, en este elevado estado de conciencia, y siente que puede expandirse continuamente a menos que la atención se haga estrecha. La calidad y flexibilidad de las habilidades auditivas es la base de la composición musical. La nueva consideración corporal por parte de Oliveros queda claramente explicada en estas palabras:

> No podía lidiar con las complejidades del sistema de interpretación sin confiar en que mi cuerpo reaccionaría apropiadamente e impulsaría la improvisación de la composición o la composición de la improvisación. [...] El cuerpo, hasta ahora inexplicablemente, sabe componer e improvisar y libera esta información a través de palabras y de gestos físicos si uno está abierto a llevar a cabo la vigilancia constante y la producción de una actividad neuronal que no es conscientemente deseada. Se necesita voluntad para estar abierto y confiar en el cuerpo para entregar e integrar lo que se necesita en el momento de la ejecución y que aún es desconocido para la mente lingüística. Actualmente, se está acumulando rápidamente nueva información procedente de la investigación en neurociencia. Quizás haya una nueva comprensión de cómo el cuerpo sabe mucho más de lo que es posible llevar a la conciencia, al menos por ahora. Considero que mi tarea es aumentar mi conciencia tanto como sea posible cada día de mi vida y respetar lo que el cuerpo me indica a través de sensaciones y sentimientos tanto como lo que mi mente lingüística me dice a través de pensamientos e intuiciones. La síntesis y la integración de todos estos modos de percepción potencian mi ser musical en el mundo. (Oliveros 2012: 73)[16]

---

16   «I could not deal with the complexities of the performance system without trusting my body to react appropriately and to drive the improvisation of composition or the composition of improvisation. [...] The body, so far inexplicably, knows how to compose and improvise and releases this information through words and physical gestures if one is open to receive the constant vigilance and output of neuronal activity that is not consciously willed. It takes will to be open and to trust the body to deliver and integrate that which is needed in the moment of performance and yet unknown to the verbal mind. Currently, new information is rapidly accumulating from neuroscience research. Perhaps there will be a new understanding of how the body knows so much more than is possible to bring to conscious awareness—at least for now. I consider my task to increase my

La esencia de la composición musical es la capacidad de discernir el menor cambio en el tono o el tempo y relacionar ese discernimiento con un campo de sonido o con unas determinadas relaciones musicales. En 1988, junto con Stuart Dempster y Panaiotis, Oliveros realizó una grabación en una cisterna subterránea en el estado de Washington. La grabación se hizo pública en 1989 por New Albion (NA 022 CD) bajo el título *Deep Listening*. Cada compositor representado en *Deep Listening* tenía un estilo de composición muy personal. A medida que se improvisaba y se realizaba una escucha intensa, los estilos musicales se encuentran en un preciso momento y se entremezclan para hacer una música colectiva. Ese era el resultado de la escucha profunda.

En 1991, junto con Heloise Gold, maestra y coreógrafa de taichi, Pauline creó y dirigió el primer retiro de escucha profunda en el Rose Mountain Retreat Center. Ya había realizado investigaciones en el Center for Music Experiment de la Universidad de California en San Diego en 1973 y también había impartido numerosos talleres basados en las Meditaciones Sonoras. Más adelante la poeta y psicoterapeuta IONE se unió a Deep Listening como instructora para ofrecer *Listening Through Dreaming*, brindando a los participantes la oportunidad de practicar la escucha en un retiro las veinticuatro horas del día. Gold, IONE y Oliveros ofrecieron, desde entonces, unos estudios de tres años para todos los que quisieran enseñar este método de escucha profunda y meditación. En estas meditaciones, el taichi, el yoga y el chi kung[17] informaban y fundamentaban al cuerpo en el antiguo camino del Tao. La incubación y el procesamiento de lo onírico hacía que el aura de los sueños interactuase con la conciencia de vigilia. Soñar y

---

conscious awareness as much as possible each day of my life and to respect what the body signals to me through sensations and feelings just as much as what my verbal mind tells me through thoughts and intuitions. Synthesis and integration of all of these modes of perception empowers my musical being in the world» (Oliveros 2012: 73).

17   Al practicar chi kung, Pauline Oliveros experimentaba el escuchar con las palmas de sus manos para sentir los campos electromagnéticos. Al sentir con las manos lo llama «escuchar con las palmas de las manos».

responder a través de la escucha profunda brindaba nuevas puertas a la creatividad, a la unidad con uno mismo y con los demás.

Deep Listening explora las relaciones entre todos y cada uno de los sonidos, ya sean naturales o tecnológicos, intencionales o no intencionales, reales, recordados o imaginarios o pensados. La escucha profunda incluye todos los sonidos que amplían los límites de la percepción. En este sentido, debemos tener en consideración el lenguaje y la naturaleza de su sonido, el sonido natural y el sonido tecnológico, así como también el contexto ambiental y atmosférico del sonido.

Escuchamos para interpretar nuestro mundo y experimentar el significado. El perceptor y lo percibido, en esta escucha profunda, cocrean a través de este efecto de la escucha. Escuchar es un método gnoseológico para comprender el mundo interior y exterior. Nuestro mundo es una matriz compleja de energía, materia y aire que vibra; los seres vivos también estamos hechos de vibraciones. Todo vibra. La vibración nos conecta con todos los seres y nos conecta con todas las cosas de manera interdependiente.

Con una mayor capacidad auditiva, uno puede detectar las más mínimas diferencias entre los sonidos. Esto permite el reconocimiento agudo o grave de la voz, la detección del eco o el vacío, la ubicación espacial, etc. Esta escucha intensificada sustituye la auralización por la visualización o el sentido de la vista, mediante la creación de imágenes sónicas, etc. Este sentido aurático nos conduce a establecer una relación del sonido con el mito (o lo ancestral, lo que existe de sobrenatural en lo que ha pasado a querer ser racional); el mito encierra en sí mismo algo de instintivo y prerracional, por esta razón, la escucha profunda explora la diferencia entre la naturaleza involuntaria de escuchar y la naturaleza voluntaria y selectiva de hacerlo. La práctica de esta escucha incluye un fuerte trabajo corporal, unas meditaciones sonoras y unas determinadas actuaciones interactivas, además de escuchar los sonidos de la vida cotidiana, la naturaleza, los propios pensamientos, la imaginación y los sueños como parte de un todo. Como consecuencia, cultiva una mayor conciencia del entorno sonoro, tanto externo como interno, y promueve la experimentación, la improvisación, la colaboración, el juego y otras habilidades creativas vitales para el crecimiento personal y comunitario que van más allá de lo que entendemos como componer e interpretar «música». Por ello, no debe extrañarnos que la escucha profunda suponga una práctica para toda la vida, un estilo de vida. Cuanto más se practica, más se aprende a escuchar. Se adquieren cada vez más habilidades para penetrar por debajo de la superficie del sonido, para provocar una expansión sobre los límites de la percepción y poder reconectarse con el entorno acústico, en definitiva, con todo lo que habita y todo lo que hay promoviendo una ruptura de las fronteras perceptivas y sensoriales.

3. Meditaciones sonoras

Las meditaciones sonoras son estados elevados de conciencia o conciencia expandida, son cambios en la fisiología y psicología de tensiones conocidas y desconocidas que pasan a ser relajaciones que gradualmente se vuelven permanentes. Estos cambios pueden representar una puesta a punto de la mente y el cuerpo para todo el que quiera. Detrás de este propósito hay una clara democratización de la música, como hicieron muchos de los músicos de los años cincuenta y sesenta que formaron parte de las denominadas músicas experimentales tanto en EE. UU. como en Europa (John Cage, Fluxus...).

Oliveros intenta borrar la relación sujeto-objeto y actor-público volviendo a unas formas ancestrales en las que no tiene en cuenta al espectador ya que todo el mundo tiene que ser activo, según su manera de entender el universo sónico. Todos creamos sonidos, música. Por este motivo, está interesada en la comunicación entre todas las formas de vida, a través de la energía que procede de los sonidos, que tienen infinidad de fuentes. Y, de manera especial, su gran aportación, en sintonía con muchos de los artistas de las vanguardias, es que la creación musical está al servicio de todos, sin necesidad de conocer el lenguaje musical. Este aspecto puede observarse en la pieza *Sound piece* (1998)[18]:

> *Sound Piece*, escrito originalmente para estudiantes de la escuela de arte, pide a los intérpretes que produzcan sonidos con cualidades únicas procedentes de una amplia variedad de fuentes, pero evitando hacerlos "identificables como un fragmento o frase musical". Sugiere que los sonidos "animen el espacio escénico" y agrega los factores de distancia y movimiento. ([...] 2005a). Las piezas de Oliveros para músicos y otros artistas se diferencian de sus meditaciones sonoras porque estetizan la colaboración. Muchas composiciones marcan la configuración de los intérpretes como no jerárquica. Oliveros frecuentemente ordena que los intérpretes se sienten en círculo. (Lange 2008: 41)[19]

Las meditaciones sonoras se dan en un entorno de meditación y de control de la respiración, ya que pretenden devolver el control del sonido al individuo en el acto de la escucha, con fines curativos y humanitarios. Cada meditación sónica tiene como objetivos: crear sonidos verdaderos, imaginar sonidos activamente, escuchar los sonidos presentes y, por último, recordar estos sonidos. Para conseguir estos hitos se puede utilizar la voz o cualquier otro objeto o instrumento, también el mismo cuerpo. Es importante en todo este proceso estimular la fantasía sonora, una fantasía creativa que descubre las

---

18 Huelgue decir que las piezas y las meditaciones se plantean de modo distinto, pero todas acogen a una comunidad de artistas muy amplia y sin necesidad de estar formados musicalmente.

19 «Sound Piece, written originally for art school students, asks the performers to produce sounds with unique qualities from a wide variety of sources, but to avoid making them "identifiable as a fragment or phrase of music." It suggests that the sounds "enliven the performance space" and adds the factors of distance and motion. ([...] 2005a). Oliveros's pieces for musicians and other artists differ from her sonic meditations in that they aestheticize collaboration. Many compositions mark the configuration of players as non-hierarchical. Oliveros frequently mandates that the players sit in a circle» (Lange 2008: 41).

potencialidades intrínsecas y extrínsecas de los sonidos. Al estimular la fantasía aparecen nuevos sonidos que, a pesar de ser individuales, pueden compartirse con una finalidad colectiva. Así, se expande la conciencia auditiva del entorno.

El sonido mental tiene mucho que ver con la interiorización del sonido y externalización del sujeto «escuchante» (que no «oyente»). Cuando esto se realiza de manera síncrona con otras personas aparece lo que Oliveros denomina la improvisación telepática, todo ello debe realizarse bajo un control absoluto de la concentración e intentando siempre encontrar el sonido más puro posible.

Las meditaciones sonoras aparecen en un contexto en el que se tienen en consideración la sonoesfera y la auralización. Para Oliveros la sonosfera es

> la envoltura sonora o sónica de la Tierra. La capa biosférica de la sonosfera está irrevocablemente entretejida con la capa tecnosférica de la sonosfera. Los humanos perciben la sonosfera de acuerdo con el ancho de banda y las frecuencias resonantes y la mecánica del oído, la piel, los huesos, los meridianos, los fluidos y otros órganos y tejidos de la sonosfera del cuerpo acoplado a la tierra y sus capas desde el núcleo a los campos magnéticos transmitidos y percibidos por la corteza auditiva y el sistema nervioso. (Todo esto con gran variación, por supuesto). Todas las células de la Tierra y del cuerpo vibran. (Oliveros 2011: s. p.)[20]

Todo es sonido porque todo es vibración, en el macrocosmos o universo, y en el microcosmos o cuerpo. Todos los sonidos de la sonoesfera

---

20   «The sonosphere is the sonorous or sonic envelope of the earth. The biospheric layer of the sonosphere is irrevocably interwoven with the technospherical layer of the sonosphere.1 Humans sense the sonosphere according to the bandwidth and resonant frequencies and mechanics of the ear, skin, bones, meridians, fluids, and other organs and tissues of the body as coupled to the earth and its layers from the core to the magnetic fields as transmitted and perceived by the audio cortex and nervous system. (All of this with great variation, of course.) All cells of the earth and body vibrate» (Oliveros 2011: s. p.).

pueden ser percibidos por los humanos, animales, etc. No estamos acostumbrados a escuchar los sonidos de nuestro cuerpo, el riego sanguíneo, los huesos, las células, pero gracias a la tecnología[21], Oliveros cree que es posible escucharlos y ser conscientes de estos sonidos internos que se producen constantemente en nuestro cuerpo. La finalidad es ampliar la percepción del cuerpo sonoro que habitamos[22].

El término auralización, Oliveros lo utilizó del arquitecto Mendel Kleiner cuando lo definió para hablar de la acústica de los edificios y las habitaciones. Oliveros lo reutiliza para hablar de estos sonidos internos que son percibidos de manera subjetiva a través de una escucha interior. Estos términos, totalmente nuevos, nacen para contrarrestar a la cultura de la imagen, que siempre se ha impuesto. Para la artista sonora, a partir de la escucha profunda y de las meditaciones sonoras, es interesante construir un vocabulario que explique con palabras

---

21   «Concibo la sonosfera como algo que comienza en el núcleo de la Tierra y que irradia con conexiones fractales cada vez mayores, vibrando sónicamente a través de la Tierra y rodeándola. La sonosfera incluye todos los sonidos que pueden percibir los humanos, los animales, los pájaros, las plantas, los árboles y las máquinas. Los oídos humanos están limitados a aproximadamente 20 Hz a 20 kHz. Sin embargo, este rango puede ser superado por algunas personas y ampliado con la ayuda de la tecnología [...] Por supuesto, estamos protegidos de escuchar y percibir constantemente los sonidos de nuestro cuerpo, como el sonido de las células al dividirse, de la sangre que fluye o de las neuronas que se activan, etc. Sin embargo, podemos sintonizarnos voluntariamente con estos sonidos con la ayuda de la tecnología» (Oliveros 2012: 4). [«I conceive of the sonosphere as beginning at the core of the earth and radiating in ever increasing fractal connections, vibrating sonically through and encircling the earth. The sonosphere includes all sounds that can be perceived by humans, animals, birds, plants, trees, and machines. Human ears are limited to approximately 20hz to 20khz. However, this range can be exceeded by some individuals and extended with the aid of technology [...] We are, of course, protected from constantly hearing and perceiving the sounds of our body, such as the sound of cells dividing, of blood flowing or neurons firing, etc. However, we can tune into these sounds voluntarily with the aid of technology» (Oliveros 2012: 4)].

22   Sabemos que desde el 2021 la NASA ha asignado sonidos a datos del espacio. Aunque mayoritariamente se cree que el espacio está en silencio, sí que se han sonificado partes del espacio, como el de la creación de estrellas. La sonificación dirigida por el Observatorio de rayos X Chandra y el programa Universe of Learning de la NASA transforman datos de los telescopios más poderosos del mundo en sonidos. Este trabajo permite interpretar datos de fuentes cósmicas con un sentido diferente: el oído.

nuevas aspectos que son relevantes a esta nueva filosofía que nace del cambio de paradigma que nos presenta. Así pues, hace una relación de nuevos conceptos que nos ayudarán a desarrollar de la mejor manera la escucha profunda y todo lo que esta conlleva. La relación de los nuevos conceptos es la que mostramos a continuación:

> Audiate, audile, auditive, aural, auralization, aurality, call, call up, dissonance, echo, inaudible, inaudibility, knell, noise, noiseless, noiselessly, peal, phon, phonal, phonascetics, phonate, phonation, phonautograph, phone, phonetic, phonics, phonogram, phonogramic, phonographic, phonon, racket, randomness, recall, resonant, resonating, resound, resounding, reverberate, reverberating, reverberative, ring, silence, silentious, silently, silentness, silents, sonic, soniferous, songram, sonor, sonorous, sonosphere, stochasticity, subsonic, supersonic, telephone, transonic, unhearable. (Oliveros 2010: 3)

4. Improvisación

Oliveros se estableció como compositora de música electrónica en los años cincuenta y sesenta, al ser miembro fundador del San Francisco Tape Music Center. A finales de los sesenta, su trabajo se volcó en la interpretación, priorizó las prácticas meditativas y relajantes preocupada por el «artista» o «músico» más que por su obra de arte. Esta influencia fue debida al surgimiento de la segunda ola feminista y también al interés que en ella suscitaron los valores de las culturas tradicionales que aparecían en los escritos de Karl Jung y Joseph Campbell. También se inspiró en la filosofía oriental y en el Zen. Según el budismo[23] el deseo del individuo autónomo e independiente es imposible. A partir de ahí, empezó a tratar cuestiones como la división mente-cuerpo, el sexismo, etc. También estaba lista para proclamar públicamente su lesbianismo como parte integral de su vida y trabajo.

---

23   Oliveros estaba influenciada directamente por el budismo tibetano.

La influencia directa de la filosofía oriental se tradujo en la interpretación de obras con prolongados sonidos, como la obra de 1959-1960 titulada *Variations for Sextet*. A partir de esta obra Oliveros emprendió un camino que comportaba atenuar la primacía del ego para expandir la conciencia. Esto posibilitaría que una de las piedras de toque de su filosofía musical fuera, a partir de los años setenta, la improvisación, la improvisación colectiva[24].

> La improvisación privilegia escuchar y responder y, por lo tanto, resalta la intersubjetividad –las formas en que nuestras acciones y nuestro sentido de identidad se construyen constantemente a través de la interacción con nuestro entorno–. La improvisación es una práctica en la que las acciones y respuestas no se imponen, pero tampoco surgen de forma completamente independiente. Al igual que la vida diaria, la improvisación musical es un sistema complejo de interacción, negociación y co-surgimiento. (McMullen 2010: 9)[25]

La improvisación exige un escuchar y contestar, una complicidad que se da en el escenario de la «intersubjetividad». Esta intersubjetividad acaece entre el yo y el entorno. Al igual que la vida cotidiana, la improvisación musical es un sistema complejo de interacción, negociación y surgimiento conjunto. La escucha profunda en la improvisación se concibe como una práctica de disolución del yo en el otro frente al nosotros y llegar a comprender la interrelación y el surgimiento conjunto del supuesto «otro» y el «yo». Este enfoque se da en la encarnación,

---

24 Para ello creó la Deep Listening Band. Este grupo estaba formado por Panaiotis, Dempster, Gamper y Oliveros. Nació de la experiencia de tocar en una cisterna y de ver que los sonidos estaban mediatizados por su acústica. Tenían la misión de tocar en espacios inusuales con el EIS.

25 «Improvisation privileges listening and responding and therefore highlights intersubjectivity —the ways our actions and sense of self are constantly constructed through interaction with our environment. Improvisation is a practice where actions and responses are not enforced, but also do not arise completely independently. Much like daily life, musical improvisation is a complex system of interaction, negotiation, and co-arising» (McMullen 2010: 9).

la improvisación y el desmantelamiento del dualismo mente/cuerpo y perturba la primacía de lo individual y lo universal sobre lo contingente. Este aspecto nos recuerda la paradoja en la que se encontró Friedrich Nietzsche al hablar precisamente de la ilusión o la ficción del yo y de su disolución[26].

Algunas posibles respuestas que da Oliveros para una improvisación son las siguientes:

> 1. Hacer un sonido familiar extraño / 2. Hacer un sonido extraño familiar / 3. Hacer un sonido lento rápido / 4. Hacer un sonido rápido lento / 5. Hacer un sonido fuerte suave / 6. Hacer un sonido suave fuerte / 7. Hacer un sonido nuevo viejo / 8. Hacer nuevo un sonido viejo / 9. Hacer un sonido ligero pesado / 10. Hacer un sonido pesado ligero / 11. Hacer un sonido débil fuerte / 12. Hacer un sonido fuerte débil /13. Hacer una parte con un sonido completo /14. Hacer que una parte suene completa / 15. Hacer un sonido encontrado perdido / 16. Hacer un sonido perdido encontrado / 17. Hacer un sonido grande pequeño / 18. Hacer un sonido pequeño grande / 19. Hacer más sonido menos / 20. Hacer menos sonido más / 21. Hacer un sonido más o menos / 22. Hacer un sonido menos o más /23. Hacer un sonido simple complejo / 24. Hacer un sonido complejo simple / 25. Hacer un sonido lejano cerca / 26. Hacer un sonido cercano lejos / 27. Hacer un sonido real imaginario / 28. Hacer un sonido imaginario real / 29. Hacer un sonido lleno vacío /30. Hacer un sonido vacío lleno / 31. Hacer un sonido hermoso feo / 32. Hacer un sonido feo hermoso / 33. Hacer un sonido pobre rico. (Oliveros 1983: 107)[27]

---

26 Vemos aquí una voluntad nietzscheana de disolución del yo. Como comenta Marco Parmeggiani: «Aquello que sufre un proceso histórico de disolución no es el sentimiento mismo del yo, responsable de la convicción en nuestra unidad personal, sino el yo mismo, es decir, la imagen que se ofrece a nuestra conciencia de lo que nosotros somos realmente» (Parmeggiani 1998: 203).

27 «1. Make a familiar sound strange / 2. Make a strange sound familiar / 3. Make a slow sound fast / 4. Make a fast sound slow / 5. Make a loud sound soft / 6. Make a soft sound loud / 7. Make a new sound old / 8. Make an old sound new / 9. Make a light sound heavy / 10. Make a heavy sound light / 11. Make a weak sound strong / 12. Make

5. Instrumentos expandidos

El sistema de instrumentos expandidos es una terminología que utilizó Oliveros y que se refiere a aquellos instrumentos en los que el timbre se ve afectado por diferentes efectos relacionados con el espacio. En ellos se utilizan diferentes formas de reverberación y *delays*. Es importante precisar que lo expandido no es, como podríamos suponer, el espacio físico real o el acople de partes orgánicas nuevas al instrumento, sino que lo expandido es el tiempo. Para desarrollar este sistema de expansión es necesario plantearse el concepto de espacio virtual y de acústica virtual. Esta última es un fenómeno de percepción que se crea con un procesamiento electrónico dentro de un espacio físico real. Las paredes simuladas o las superficies reflectantes (espacio virtual) pueden hacer que un oyente perciba diferencias en el tamaño de la habitación y la calidad del tono de un instrumento musical. Las reverberaciones, las resonancias eran aspectos que Oliveros había trabajado cuando interpretaba música en distintos lugares. El sonido electrónico le permitía aplicar estos procesos y, por lo tanto, crear unas determinadas sensaciones de percepción del espacio. La acústica virtual se vuelve, para la compositora, en un nuevo parámetro en la música. Ello la llevó a investigar el sonido acústico y el sonido electrónico[28].

Después de usar sistemas de *delay* de cinta durante algunos años, desde los años 1950, para tocar instrumentos acústicos en vivo,

---

a strong sound weak / 13. Make a whole sound part / 14. Make a part sound whole / 15. Make a found sound lost /16. Make a lost sound found / 17. Make a large sound small / 18. Make a small sound large / 19. Make more sound less / 20. Make less sound more / 21. Make a sound more or less / 22. Make a sound less or more / 23. Make a simple sound complex / 24. Make a complex sound simple / 25. Make a far sound near / 26. Make a near sound far / 27. Make a real sound imaginary / 28. Make an imaginary sound real / 29. Make a full sound empty / 30. Make an empty sound full / 31. Make a beautiful sound ugly / 32. Make an ugly sound beautiful / 33. Make a poor sound rich» (Oliveros 1983: 107).

28   Una de las primeras piezas para trabajar a fondo estos conceptos fueron grabadas en cintas magnetofónicas para poder experimentar directamente con la manipulación del sonido.

en 1983 adquirió un par de procesadores de *delay* digital pre-MIDI Lexicon PCM 42. Estos procesadores dieron lugar al PCM 42, que es una herramienta de interpretación en tiempo real. Tiene una naturaleza parcialmente analógica con pedales que el intérprete puede usar para cambiar el tiempo de *delay*, lo que permite la flexión de los sonidos retardados, un fenómeno que no es fácil de lograr con el retardo de cinta. También se pueden realizar otras funciones como el control de mezcla, la retroalimentación y la captura, mediante el uso de esos pedales. A partir de estas investigaciones, nació el Sistema de Instrumentos Expandidos (EIS) que es un retardo controlado por el ejecutante, es una red basada en dispositivos de procesamiento de sonido digital diseñada para ser un entorno de improvisación para músicos acústicos. Este sistema creó para dar cabida a más artistas intérpretes o ejecutantes. David Gamper fue uno de esos intérpretes, cuyo trabajo musical con retrasos desde finales de los sesenta encontraron una asociación natural con Oliveros cuando se unió a la Deep Listening Band en 1990.

Oliveros nos detalla con sus propias palabras el Sistema de Instrumentos Expandidos (EIS): «Mi versión de EIS tiene 40 delays con controladores algorítmicos que pueden determinar cuántos delays suenan, la duración de los delays, cómo y cuándo se modulan las señales retardadas» (Arcangel y Oliveros 2009: 86)[29].

Con esta expansión, y gracias a las nuevas teconologías, Oliveros pudo traducir de una manera audible para todo el mundo muchas de sus meditaciones y experiencias sónicas a realidades que se podían experimentar de manera fácil e inmediata por parte de quien escuchaba sus obras. Así, la escucha profunda encontraba una voz amplificada, que permitía captar la interioridad del ser humano en su dimensión "espiritual" y, a la vez, "corporal".

---

29   «My version of EIS has 40 delays with algorithmic controllers that can determine how many delays sound, the durations of the delays, how and when the delayed signals are modulated» (Arcangel and Oliveros 2009: 86).

Referencias

Arcangel, Cory y Pauline Oliveros (2009): «Pauline Oliveros», *Bomb* (primavera), 107, 84-89,

Ashley, Robert (1977): «Music with Roots in the Aether». *Perspectives of New Music* (otoño-invierno), 16, 1, 214-228.

Hume, David (s. a.): *Tratado de la naturaleza humana*. Libros en la red. Disponible en: www.dipualba.es/publicaciones.

Lange, Barbara Rose (2010): «The Politics of Collaborative Performance in the Music of Pauline Oliveros», *Perspectives of new music*, 46, 1, 39-60.

Mockus, Marta (2008): *Sounding Out: Pauline Oliveros and Lesbian Musicality*. Nueva York: Routledge.

Oliveros, Pauline (13 de septiembre de 1970): «And Don't Call Them 'Lady' Composers». *The New York Times*.

Oliveros, Pauline (1971): «Sonic Meditations» *Source 5/2*, 103.

Oliveros, Pauline (1982-1983): «The Klickitat Ride 108 Possibilities 54 Opposites», *Forum: Improvisation, Source: Perspectives of New Music* (otoño), 21, 1 and 2, 107-108.

Oliveros, Pauline (1984): *Software for People: Collected Writings 1963-80*. Baltimore: Smith Publications.

Oliveros, Pauline (1993): «Cues», *The Musical Quarterly* (otoño), 77, 3, 373-383.

Oliveros, Pauline and Maus, Fred (1994): «A Conversation about Feminism and Music», *Perspectives of New Music* (verano) 32, 2, 174-193.

Oliveros, Pauline (1995): «Acoustic and Virtual Space as a Dynamic Element of Music», *Leonardo Music Journal*, 5, 19-22.

Oliveros, Pauline (2010): «Auralizing the Sonosphere: A Vocabulary for Inner Sound and Sounding», en Pauline Oliveros (2010): *Sounding the Margins: Collected Writings 1992–2009*. Kingston, NY: Ed. Lawton Hall.

Oliveros, Pauline (2011): «Auralizing in the Sonosphere: A Vocabulary for Inner Sound and Sounding», *Journal of Visual Culture*, 10, 2. Disponible en: /https://s18798.pcdn.co/shanghai-ima-nime/ wp-content/uploads/sites/20524/2021/02/Oliveros-Auralizing-the-Sonosphere.pdf

Oliveros, Pauline (2012): «Performance & Science, PAJ», *A Journal of Performance and Art*, 34, 1, January, 69-85, 72.

Oliveros, Pauline (2012). «Improvising Composition: How to Listen in the Time Between», en Marc Downie *et al.*, *Performance & Science, PAJ: A Journal of Performance and Art*, 34, 1, January, 69-85.

Osterreich, Norbert (1977): «Music with Roots in the Aether», *Perspectives of New Music* (otoño-invierno), 16, 1, 214-228.

Parmeggiani, Marco (1998): «Nietzsche y la disolución del concepto de yo, en la obra publicada y en los fragmentos póstumos de 1876 a 1882», *Contrastes: Revista internacional de Filosofía*, 3, 185-210.

Yoko Ono (1933)

Yoko Ono and the Unfinished Music

Magda Polo Pujadas
Universitat de Barcelona

仏の半眼の構

Hotoke no hangan no kamae

(Pensamiento budista)

Every drop in the ocean counts.

(Yoko Ono)

1. First

La expresión japonesa «Hotoke no hangan no kamae» es un pensamiento budista que hace referencia a los ojos medio cerrados de Buda. Una lectura es que la mitad abierta mira al mundo exterior y la cerrada al mundo interior y otra que no solo se utiliza el sentido de la vista con el ojo físico, sino que se busca la verdad con otro ojo, el ojo de la mente. Yoko Ono miró al mundo y al sujeto con esas dos miradas a la vez. Y su arte nos lo refleja claramente.

Yoko Ono es una compositora, cantante, artista visual, performer, activista, feminista... Ha sido una de las artistas más desconsideradas de nuestra época. Sin embargo, nos ha legado un arte provocativo, nuevo, lleno de la esencia del tiempo que le ha tocado vivir. Representante incuestionable de las vanguardias artísticas que consideró el arte una forma de vida, donde el inconformismo y la lucha por un mundo distinto formó parte de sus objetivos. Este era el ambiente que se respiró en Nueva York durante los años cincuenta y sesenta, y la nueva sensibilidad que se despertó en la comunidad de los intelectuales del momento, en la que la alta cultura y la baja cultura estaban perfectamente integradas y donde lo inclusivo y lo igualitario estaban buscando su lugar, como bien nos comenta la ensayista que vivió este ambiente cultural, la inestimable Susan Sontag (Sontag 1996: 266).

El concepto de música de Ono es igual que su concepto de arte. Todo es arte y todo es música. La vida, lo cotidiano, forma parte de nuestra manera de ser-en-el-mundo y solo así podemos tener la oportunidad de cambiar lo que consideramos injusto, perverso, dañino, etc.

Yoko Ono nació en Tokio en 1933 en el seno de una familia adinerada. Recibió una formación sofisticada en el Jiyu-Gakuin, una institución a la que solo accedían las familias muy pudientes y poderosas de Japón. Desde los cuatro años aprendió a tocar el piano (su padre quería ser pianista), a apreciar la música instrumental y vocal clásica alemana[1] y la ópera italiana. En 1952 ingresó en la Facultad de Filosofía de la Universidad de Gakushuin y en 1953 se mudó a Estados Unidos, donde aprendió composición y literatura en el Sarah Lawrence College en Nueva York.

Cuando entró en contacto con el ambiente intelectual y artístico de Nueva York rápidamente se sintió a gusto con las primeras expresiones del happening propuestas por Allan Kaprow; también conoció a John Cage, La Monte Young y a George Brecht, quienes formarían parte de las nuevas iniciativas musicales de la «experimental music», como la música aleatoria, el minimalismo o la música de Fluxus. A

---

1   Había aprendido a cantar *Lieder*.

John Cage lo conoció, precisamente, en las clases de Daisetsu Suzuki[2], que impartía filosofía oriental, zen, en la Columbia University.

Es también una artista de primer nivel, en lo que respecta a la experimentación artística, donde adquirió una sólida reputación como creadora, en cuanto a las prácticas de objetos conceptuales, el cine de vanguardia o de música –instrucciones de piezas, partituras de eventos, performances– cuyos aspectos originales han desorientado en ocasiones al público. Influenciada por la música desde una temprana edad, su padre Eisuke ya la introdujo en el piano e insistió en que la joven conociera tanto la cultura de Japón como la de Estados Unidos. Con una sólida formación musical, intenta traducir los sonidos de los pájaros en notas, también posee una gran formación filosófica, ya que es la primera mujer en realizar cursos de filosofía en la prestigiosa Universidad Gakushúin de Tokio.

También establece una conexión entre los dos países, siguiendo el ejemplo del músico Toshi Ichiyanagi y John Cage. Fue en la agitación de Nueva York donde descubrió posibilidades creativas insospechadas, primero en el Sarah Lawrence College, luego en la Juilliard School, donde conoció a una cómplice musical, la violonchelista Charlotte Moorman. (Lussac 2016: s. p.)[3]

---

2   Asimismo estudió a Okakur Kakuzo y a Ananda Coomaraswamy.

3   «Elle est aussi une artiste de premier ordre, en ce qui concerne l'expérimentation artistique, où elle acquiert une solide réputation de créateur, sur le plan des pratiques d'objets conceptuels, de cinéma d'avant-garde ou de musique – Pièces d'instruction, partitions d'événement, performances –, dont les aspects originaux ont parfois désorienté le public. Influencée dès son plus jeune âge par la musique, son père Eisuke, déjà, l'initie au piano et insiste à ce que la jeune femme connaisse autant la culture du Japon que celle des États-Unis. Formation musicale certes, où elle essaie de traduire les sons d'oiseaux en notes, mais aussi philosophique, puisqu'elle est la première femme à suivre les cours de philosophie de la prestigieuse université Gakushúin à Tokyo.
    Elle établit aussi une connexion entre les deux pays, à l'exemple du musicien Toshi Ichiyanagi et de John Cage. C'est dans l'ébullition de New York qu'elle découvre des possibilités insoupçonnées de création, en entrant d'abord au Sarah Lawrence College, puis à la Juilliard School, où elle rencontre une complice musicienne, la violoncelliste Charlotte Moorman» (Lussac 2016: s. p.).

Ono siempre tuvo una gran implicación en dar voz a los artistas de su entorno y les prestó, en varias ocasiones, su piso de la Calle
Chambers (que compartía con el que fue su marido, Toshi Ichiyanagi[4])
como espacio experimental. Pasaron muchos artistas por ese espacio,
Peggy Guggenheim, Marcel Duchamp, Robert Morris y Simone Forti
fueron algunos de ellos, sin ir más lejos. A raíz de estos encuentros,
presentó distintas iniciativas artísticas que la llevaron a concebir uno
de los elementos primordiales en su obra como artista conceptual[5]:
que los procesos fueran realizados por el público, por otros artistas,
etc.[6] Es lo que se conoce con el nombre de «work-do-it-yourself». Esta
nueva metodología de trabajo y de concepción de la obra de arte im-
presionó a uno de los miembros más activos en Estados Unidos de
Fluxus, a George Maciunas. Así, pues, en 1961, Yoko realizó el concierto «Works by Yoko Ono» en el Carnegie Hall con colaboradores como
George Brecht, Joseph Byrd, Philip Corner, Jonas Mekas, La Monte
Young, Ay-O, Charlotte Moorman, Trisha Brown y Ivonne Rainer. Las
obras que interpretaron estaban determinadas por instrucciones, otra
de las características de la mayoría de sus obras. Las instrucciones son
órdenes que se dan para que se realice algo, de esto se trataba, de que
la colaboración a partir de unas indicaciones produjera un resultado
final que ni la misma artista conocía. Estas instrucciones aumentaban
la tensión entre los participantes[7] y el resultado era sorprendente e
inesperado. Con esta manera de pensar el arte, como un arte colectivo
y del «presente», rompió las ideas preestablecidas de entender las ma-
nifestaciones artísticas como independientes y separadas según metodologías o técnicas que les eran propias. Todo podía interactuar con

4   Él la había introducido a la música de Schönberg y Webern.

5   Yoko Ono llamaba a sus trabajos conceptuales CON-ART o *conceptual-art*.

6   Dos de las corrientes que más influenciaron a Ono fueron el marxismo y el existencialis-
    mo. Este aspecto de participación y de conclusión de la obra de arte por parte del «otro»
    recoge la esencia de ambos dos. También leyó a filósofos como Hegel, Marx, Heidegger,
    Kierkegaard, Sartre, Malraux, Guide y a los literatos como Dostoievski, Tolstoi, Chejov y
    Gorki (Aumente 2013: 117).

7   Una obra emblemática de este calado es la titulada «Audience piece».

todo y, así, las fronteras entre la pintura, la danza, la música, la poesía se diluían radicalmente.

> La interdisciplinariedad de la música les permitía radicalizar el hecho musical, la acción performática junto con la alianza de la plasticidad y la para-teatralidad cimentaban nuevas relaciones artísticas. Se invadían nuevos escenarios y, así, la música se perdía totalmente, se anulaba, hasta cuestionar cualquier huella de la herencia de la tradición occidental. La anti-música era una actitud personal y subjetiva, pero iba más allá de eso, pues representaba una revuelta política y social que pretendía cambiar de manera fugaz el transcurso de la historia del pensamiento. (Alba, Ciurans y Polo 2013: 61)

A pesar de ser una de las iniciadoras más importantes del arte conceptual y procesual, siempre tuvo a la crítica y a parte de la sociedad en contra. Una de las razones, que incluso ella misma comenta en distintos artículos de periódicos, era por el hecho de ser mujer[8]. Esto frenó su carrera artística y también el hecho de que la responsabilizaran de la ruptura del grupo británico de música The Beatles. Este hecho se dio de manera injusta en Estados Unidos. En Japón la tuvieron en cuenta como una artista relevante[9], especialmente en la Galería de Naiqua en Shimbashi y en el centro de arte Sôgetsu, un lugar de arte vanguardista que la consideró por el grupo Ongaku y por Genpei Akasegawa[10], que había exportado el happening de EE. UU. al Japón. Dos conciertos realizados en Kyoto y Tokio tuvieron un eco memorable, con una de las obras más famosas de Ono titulada *Cut piece* en la que se expone al público cuestionando el voyerismo masculino y la pasividad femenina, a pesar de que en su origen esta obra se pensara

---

8   Podemos citar el caso del concierto que realizó en 1961 con Ichiyanagi y Mayuzumi titulado «An evening of contemporary music and poetry» en The Village Gate de Nueva York, cuando en la crítica del *The New York Times* se la ignoró por completo.

9   A excepción de su obra «Instruction Paitings».

10   Fundador del High Red Center, brazo japonés de Fluxus.

desde el ámbito de una filosofía budista espiritual. La dimensión más importantes del happening que concibió Ono fue la incorporación de la vida al arte, agudizando los sentidos hacia la vida cotidiana con un visión reflexiva, irónica y satírica de la acción o acontecimiento.

A pesar de que muchos artistas y colectivos japoneses le rindieron pleitesía, también recibió duras críticas que se basaban fundamentalmente en que seguía a John Cage y, por esa razón, no la quisieron reconocer como a una artista con una trayectoria propia. Un ejemplo de esa íntima unión entre John Cage y Ono es la obra *Water Walk* de Cage en la que Ono aparecía yaciendo encima de un piano y la lectura de muchos críticos fue que aparecía encima del piano una mujer extravagante. Fue entonces cuando decidió abandonar Japón.

2. Second

Los horizontes abiertos de Ono en su consideración respecto al arte la hicieron especialmente favorable para ser un miembro del «espíritu Fluxus». En su apartamento de Chambers Street acogió los Chamber Music Series, que fueron los conciertos que tuvieron lugar allí durante doce fines de semana, desde 1959 hasta 1961.

Uno de los aspectos que siempre ha caracterizado su música es el de la deformación del canto, aspecto que podríamos entender si recordamos cómo Diderot definió la unión de poesía y música reconocida en la expresión «le cri animal». La voluntad y la intención de «cantar mal» y de sus «alaridos» formaban parte de su interés en poner el acento de la música en el grito. El grito representó para ella, en la mayoría de los casos, una manera de dar voz a las mujeres japonesas que se quedaban en casa dominadas por sus maridos, sin poder decir absolutamente nada. Para ella, esos gritos representaban el grito del parto y la única posibilidad de que la mujer se pudiera sentir un poco libre. Recordemos su *Voice piece for Soprano* de 1961 o su comentada intervención en el programa *The Mike Douglas Show* con Chuck Berry y John Lennon interpretando *Memphis, Tennessee* y *Johnny B. Goode*. Existen otros muchos ejemplos de Ono gritando, por ejemplo, en la película *Shout* (Fluxfilm, 22, de 1966) de Jeff Perkins, en la que aparece gritando al que fue por aquellos años su marido Anthony Cox. También podemos comprobarlo en sus apariciones en *Voice Piece for soprano and wish tree* en el MoMA, en verano de 2010. La gestualidad, lo espasmódico y el shock que el grito manifiesta la conducen a dar un valor propio al origen de la expresión humana menos semántica y más significativa, a la apreciación de un nuevo concepto de lo sonoro-musical provocando unos estados de ánimo tanto en el intérprete como en el espectador que tienen mucho que ver con el Body Art y todo lo que la expresión corporal conlleva. El cuerpo, la carne y la piel son conceptos referenciales para la mayor parte de las obras de Yoko Ono. En este contexto la consideración de la voz como percepción de lo sonoro humano cobra en ella un carácter lúdico y metafísico a la vez. En una parte de la película *Fly*, la misma artista reproduce el sonido de la mosca, como una clase de zumbidos, que juegan con los mismos zumbidos del insecto.

Otro de los aspectos que caracterizan la música experimental de Ono y que coincide con Pauline Oliveros es el de despertar las capacidades auditivas del sujeto, intentar ser conscientes de la multiplicidad de ruidos que nos circundan y a los que no damos importancia. La inmersión en la escucha implicaba un anclaje al presente, al aquí y el ahora.

3. Third

Uno de los testimonios más importantes de las obras y el pensamiento artístico de Yoko Ono es *Grapefruit,* un libro editado en Japón en 1964 resultado de una suma de piezas con sus respectivas instrucciones. Se publicó una edición limitada de quinientos ejemplares en la Munternaum Press de Tokio. La artista amaba los pomelos desde pequeña, le gustaba ese cítrico tropical medio dulce medio amargo, que se obtenía de una hibridación de naranjas y limones, todo en ella respondía a una hibridación de distintos polos: América y Japón, el Yin y el Yan, etc. Como comenta Alan Clayson en su libro *Woman. The incredible life of Yoko Ono*:

> Hablando de por qué los humildes cítricos tenían importancia para ella, Yoko dijo que cuando era niña le gustaban los pomelos y que le parecían un híbrido de naranjas y limones. Tituló su primer libro de instrucciones autoeditado en Japón en 1964 Grapefruit. La noción de Yoko como una "hibridación" (un término botánico en el que se cruzan dos especies genéticamente diferentes) le parece "atractiva". Vemos dentro de ella dos culturas, la japonesa y la norteamericana. Su trabajo muestra una profunda relación con los conceptos del budismo zen y con las formas de arte poético y artístico japonés donde el minimalismo de por sí es una estética.
> Esto lo expresa sucintamente el Maestro Zen Gran Monje Sr. Sugunaga: "La idea del arte Zen es crear belleza utilizando lo mínimo absoluto. A pesar de esta hibridación, ella establece su hogar en Nueva York y regresa allí con Lennon, y su arte, aunque está arraigado en el pensamiento filosófico japonés, está sembrado y cultivado en la vanguardia estadounidense. (Clayson 2004: 138)[11]

En este libro, en el que aparecen instrucciones de piezas sobre música, pintura, eventos, poesía, objetos, cine, danza, performances,

---

11   «Speaking of why the humble citrus held significance for her, Yoko said she liked grapefruits when she was a child, and they seemed to her like a hybrid of oranges and lemons. She titled her first self-published book of instructions in Japan in 1964, naming it Grapefruit. The notion of Yoko as a "hybridization" (a botanical term wherein two genetically unlike species are crossbred) "appeals". We see within her two cultures, Japanese and North American. Her work exhibits a deep relationship to Zen Buddhist concepts and to Japanese poetic and artistic art forms where minimalism is an aesthetic.
This is expressed by Zen Master High Monk Mr Sugunaga succinctly "The idea of Zen art is to create beauty using the absolute minimum. But she makes her home in New York and returns there with Lennon, and her art is though rooted in Japanese philosophical thought seeded and grown amongst, and in, the American avantgarde» (Clayson 2004: 138).

programas, cartas, obras arquitectónicas, etc., se muestra una total coherencia con el pensamiento artístico de Ono y su pensamiento como persona. Refiriéndonos a las piezas musicales que están recogidas en este libro encontramos las siguientes: *Pieza hagamos I, Pieza secreta, Pieza risa, Pieza tos, Pieza vocal para soprano, Piezas para orquesta (4), Pieza pared para orquesta, Pieza edificio para orquesta, Pieza bebible para orquesta, Pieza grabación del sonido del cuerpo; Pieza grabación (I-V), Pieza peces, Pieza armónicos, Pieza reloj, Pieza recopilación, Pieza ronquidos, Pieza campana, Pieza teléfono con eco, Pieza bicicleta para orquesta, Pieza latido, Pieza pulso Pieza agua, Pieza amanecer, Pieza habitación (I-III), Pieza espalda (I-II), Pieza línea (I-III), Pieza concierto, Pieza escondite, Pieza paseo, Pieza ciudad (2), Pieza viento, Pieza nieve, Dos piezas nieve, Otras tres piezas nieve, Pieza madera,, Pieza piedra, Pieza bocadillo de atún, Pieza pared I, Pieza agua, Pieza de la cámara de purificación.* Todas estas piezas comparten una serie de elementos que constituyen el concepto que tiene de la música. Tan solo en una de ellas aparece un pentagrama, en la *Pieza secreta*. Esta obra tiene un doble pentagrama en el que aparece escrito en clave de sol: «con el acompañamiento del canto de los pájaros al amanecer», y en la clave de fa aparece un fa ligado. No hay separación de compases, lo que la hace una obra rompedora con la notación tradicional.

Hay otra obra, *Pieza armónicos,* que invita a hacer música con armónicos, pero el resto de las piezas son instrucciones para el público que se dividen en diferentes acciones que debe hacer un individuo y, en algunos casos, todos los habitantes de un lugar o, incluso, todo el mundo. Otras hacen referencia a orquestas, pero en absoluto requiere la presencia de estas. La risa, el toser... se proponen como música. Las acciones de la vida cotidiana ocupan un lugar preeminente en el nuevo concepto de música. Muchas piezas se refieren a la escucha del cuerpo (*Pieza pulso, Pieza latido*). Algunas otras que también aluden al cuerpo indican algún acto violento o agresivo o hacen referencia a objetos o a elementos de la naturaleza para ser grabados, por ejemplo. La mayoría de las piezas invitan a una escucha precisa para que después se vuelva a reproducir en la mente del que la ha escuchado, como en el caso de *Pieza reloj*. El sonido que resuena en la mente con indicaciones de dinámica como el pianísimo presuponen el hecho de realizar una escucha profunda[12] que conlleva, en determinados casos, conocimientos musicales (*Pieza campana*). El agua, el viento, la nieve pasan a ser elementos que condicionan los sentidos y la percepción que se puede tener de ellos a nivel mental, todo ello forma parte de «lo musical».

4. Fourth

La calificación de Yoko Ono como activista feminista ha sido incuestionable[13]. Ejemplo de ello fue su participación en la composición de distintas canciones para ser cantadas en el International Women's Conference que se llevó a cabo en Cambridge (Massachusetts) en 1973. Allí, y con las participantes al congreso, formaron un coro interpretando esas canciones.

En 1972 publicó un artículo titulado *The feminization of society* que apareció en el *New York Times* en forma breve y en el *Sundance Magazine* de forma más extensa sobre la feminización de la sociedad. En este ensayo proponía la necesidad de la feminización de la sociedad para que la mujer se sintiera libre y pudiera vivir en un mundo mejor. La obra *Conversation Piece* nos representa la esclavitud a la que ha estado sometida la mujer y al dolor que eso le ha reportado. Uno de los objetivos de su implicación era la de la igualdad de géneros, ir en contra de la opresión y promover una cultura de la resistencia femenina: «Las obras performativas de las artistas Fluxus fueron fundamentales en el desarrollo del arte performativo como medio y del movimiento artístico feminista» (Butcher 2018: s. p.)[14].

---

12   Concepto acuñado por Pauline Oliveros.

13   En muchos contextos se la ha calificado de proto-feminista, feminista y post-feminista.

14   «The performative works of female Fluxus artists were pivotal in the development of performance art as medium and the feminist art movement» (Butcher 2018: s. p.).

Uno de los pilares fundamentales de su texto es liberar a la mujer del esclavismo que le supone su atadura con el hombre; dicho de otro modo, escapar a la opresión masculina. Ello implica encontrar la manera de convivir con los hombres con la finalidad de igualar las oportunidades que tienen las mujeres de pertenecer a una nueva sociedad. La sociedad actual, lo era la de la juventud de Ono y lo es la de ahora, está marcada por el estrés y la fuerza neurótica de la codicia y la frustración de no estar a la altura de los hombres. Se persigue un sueño (el sueño americano) y no se puede alcanzar por la mayoría de las personas. Los personajes protagonistas de las películas de Hollywood no son reales. Las mujeres deben ser tal como son, sin imitar el papel de los hombres, ya que es la única forma de ser mujeres liberadas. Lo femenino tiene una clara función en la sociedad: proponer nuevas formas de entender el mundo. La feminización de la sociedad implica una manera positiva de cambiar el mundo actual, a partir del ejercicio de la realidad, la intuición y el pensamiento empírico, más que en la logística y las ideologías, que forman parte de un pensamiento masculino.

> El objetivo del movimiento feminista no debería limitarse a conseguir más empleos en la sociedad actual, aunque definitivamente deberíamos trabajar en eso también. Tenemos que seguir adelante hasta que toda la raza femenina sea liberada. [...] El objetivo de la revolución femenina tendrá que ser total, llegando a ser una revolución para todo el mundo. Como madres de la tribu, compartimos la culpa de los machistas y nuestros rostros también son sus espejos. Es bueno empezar ahora, ya que nunca es demasiado tarde para empezar desde el principio. (Ono 1972: 42)[15]

---

15   «The aim of the feminist movement should not just end with getting more jobs in the existing society, though we should definitely work on that as well. We have to keep on going until the whole of the female race is freed. [...] The aim of the female revolution will have to be a total one, eventually making it a revolution for the whole world. As mothers of the tribe, we share the guilt of the male chauvinists, and our faces are their mirrors as well. It's good to start now, since it's never too late to start from the start» (Ono 1972: 42).

El *shout from the heart* (gritar desde el corazón) es el mejor recurso que tiene la mujer de poder cambiar la abnegación a la que ha estado sometida y poder encontrar un nuevo camino para que se exprese tal y como es. El grito es la muestra clara de su inconformismo ante la sociedad de los años setenta y una muestra más de la contracultura. El grito es la manifestación sonora más directa para proclamar la revolución sexual de las mujeres.

> Como intérprete feminista, el impulso revolucionario de Yoko Ono de "gritar desde el corazón" será tratado como un movimiento para redefinir la expresión musical a través de procesos de abyección y resistencia cultural de género: sus interpretaciones vocales constituyen una respuesta apasionada a los movimientos contemporáneos en el arte y la política. (Shelina 2012: s. p.)[16]

5. Fifth

La práctica experimental de la música acercó a Ono a probar el sonido de distintos instrumentos y a jugar con los efectos que las tecnologías de los años sesenta y setenta habían permitido. La reverberación, el *delay*, las distorsiones y las grabaciones de conversaciones, como respuesta a estos sonidos nuevos, forman parte del elenco de recursos musicales que llevó a la práctica no tan solo con sus obras de estilo pop sino también en sus acciones y músicas vanguardistas.

Uno de los trabajos más meritorios de su música experimental es la trilogía que realizó en colaboración con John Lennon, con los títulos *Unfinished Music n. 1: Two Virgins*[17] (1968), *Unfinished music n.*

---

16   «As a feminist performer, Yoko Ono's revolutionary impulse to 'shout from the heart' will be treated as a move to redefine musical expression through gendered processes of abjection and cultural resistance —her vocal performances constituting an impassioned response to contemporary movements in art and politics» (Shelina 2012: s. p.)

17   Cabe decir que esta obra fue muy polémica porque en la portada y la contraportada del disco de vinilo aparecían Ono y Lennon desnudos, representando a Adán y Eva, libres

2: Life with Lions (1969) y *Wedding Album* (1969). El primero de ellos[18] fue el resultado de haberse conocido ambos artistas en el ático que tenía Lennon en Kenwood el 19 de mayo de 1968. Pasaron toda la tarde y la noche juntos[19] utilizando una máquina de cinta Brenell en el estudio de casa de Lennon para realizar un collage sonoro. Grabaron paisajes sonoros, voces parecidas a los *goons* de su infancia... El resultado fue la distorsión, el retardo y la reverberación de distintos instrumentos ejecutados por Lennon y la mezcla de parte de sus conversaciones junto con gemidos, llantos y risas *ad libitum* de Ono. A lo largo de la grabación, de un total de treinta minutos, se oye en dos momentos un disco de vinilo, el primero, con la canción *Together* de Buddy G. DeSylva, Lew Brown y Ray Henderson, el segundo, con la canción *Hushabye Hushabye* de la que se desconoce el compositor. Sin que ellos fueran conscientes de ello ya estaban aplicando un recurso que siempre se ha utilizado pero que después de que los estudios literarios le dieran un nombre, el de intertextualidad, se ha aplicado al ámbito de la música: intermusicalidad, es decir, la utilización de otras obras dentro de una obra distinta, en definitiva, la cita a otras músicas.

Esta obra nos ilustra cómo se iban introduciendo las ideas vanguardistas en la producción de la música pop, como también había acontecido con la introducción de la música electrónica por parte de Karlheinz Stockhausen y que había derivado en la asunción que de ella hicieron grupos como Kraftwerk.

---

de pecado. Fue tal el impacto causado en el mercado musical que se confiscaron treinta mil copias del álbum al ser consideradas obscenas. A pesar de ello, los distribuidores le pusieron una funda al álbum para tapar los cuerpos desnudos.

18   «Two Virgins Side One»: *Two Virgins No. 1*; *Together*; *Two Virgins No. 2*; *Two Virgins No. 3*; *Two Virgins No. 4*; *Two Virgins No. 5*. «Two Virgins Side Two»: *Two Virgins No. 6*; *Hushabye Hushabye*; *Two Virgins No. 7*; *Two Virgins No. 8*; *Two Virgins No. 9*; *Two Virgins No. 10*; *Remember Love*.

19   Por lo que se conoce se consideraron como dos vírgenes entrando en un mundo tecnológico del que anteriormente no habían hecho uso. Al final de esta intensa sesión experimental, se comenta que hicieron el amor por primera vez.

En *Unfinished Music n. 2: Life with Lions*[20] compuesto después del aborto que sufrió Ono del primer hijo que hubiera tenido con Lennon, en el Queen Charlotte›s Hospital, empieza una nueva etapa creativa. Este álbum abre con un tema titulado *Cambridge 1969*. La pieza consiste en la vocalización de la artista acompañada por el *feedback* de una guitarra eléctrica interpretada por Lennon. El saxofonista John Tchicai y el percusionista John Stevens se unen a Ono y Lennon al final de la pieza. *Baby's Heartbeat* es una grabación hecha con un micrófono Nagra de los latidos del bebé. Después del tema *Baby's Heartbeat, Two Minutes Silence* supone un memorial por el bebé, así como por toda la violencia y las muertes que han acaecido en la humanidad; la pieza, de dos minutos de silencio, es un homenaje a John Cage. El álbum cierra con *Radio Play*, que incluye doce minutos de sonido ambiente con una radio puesta, con cortas conversaciones telefónicas de Lennon al fondo y el sonido de la canción *Ob-La-Di, Ob-La-Da*, del grupo The Beatles.

El tercer trabajo experimental fue *Wedding*.[21] Publicado en 1969, incluye únicamente dos temas, uno en cada cara de la edición original de vinilo: *John & Yoko*, en la primera cara, aparece una grabación de John y Yoko llamándose entre sí con distintos rangos vocales; *Amsterdam*, en la segunda cara, está compuesto de entrevistas, conversaciones y sonidos registrados durante la conocida *Bed-In* de la pareja tras casarse en la colonia británica de Gibraltar el 20 de marzo del mismo año.

La mayoría de las intervenciones de Ono en estos trabajos experimentales se calificaron por la prensa de simples y extravagantes rarezas. Otro aspecto importante es el de sus intervenciones vocales en muchas canciones del pop y del rock en las que Ono utiliza los gritos como elemento de abyección y resistencia cultural. Podemos rastrear estos aspectos en *Yoko Ono: Plastic Ono Band* (1970) y *Fly* (1971). La experimentación de Ono en la música popular se inició en un momento

---

20   *Cambridge 1969; No Bed For Beatle John; Baby's Heartbeat; Two Minutes Silence; Radio Play; Song For John* y *Mulberry*.

21   *John & Yoko; Amsterdam*. Temas extra: *Who Has Seen the Wind?* (Yoko Ono); *Listen, The Snow is Falling; Don't Worry Kyoko (Mummy's Only Looking for Her Hand in the Snow)*.

en que la función sociocultural del rock and roll estaba cambiando y pasaba de ser un entretenimiento a adquirir una función más política y social (Sontag 1966: 303).

Como una mujer japonesa activa en círculos artísticos de vanguardia dominados por hombres blancos, así como el notoriamente androcéntrico mundo de rock and roll, Ono se enfrentó al reto de insertarse en la cultura poderosa y hegemónica de ambientes que desalentaban la participación de las mujeres como ese «otro». De hecho, su voluntad de sobrevivir a través del arte se inició en respuesta a las fuerzas opresivas que buscaban silenciar su creatividad y su voz, y relegarla a los márgenes. Su canción *Sisters, O Sisters* lo manifiesta abiertamente con la expresión *To shout from the heart*. El sentido de la palabra «corazón» en Yoko Ono tiene que ver con el sentido de la palabra japonesa «kokoro», que se puede traducir como el corazón, el sentimiento o el corazón de las cosas. Los gritos que aparecen en los temas *Why?* y *Don't Worry Kyoko* emergen de lo más profundo de su cuerpo. El interesante artículo de Shelina Brown nos expresa que la inmediatez corporal y la abyección del cuerpo constituyen el aspecto subversivo de la música de Yoko Ono:

> Los gritos de Ono emergen de las profundidades de su cuerpo, desatando una vocalidad subversiva que amenaza con desestabilizar no sólo la frontera entre música y ruido, sino también los códigos sonoros racializados y de género que delinean modos aceptables de expresión musical vocal. En su interpretación politizada, las vocalizaciones rebeldes de Ono apuntan a los confines más profundos de su propio cuerpo único, aunque generizado y racializado. En este artículo, las vocalizaciones extremas de Yoko Ono serán tratadas como expresiones culturales revolucionarias que constituyen respuestas viscerales a los movimientos políticos y prácticas contraculturales de los años sesenta y principios de los setenta. Tomando como punto de partida la afirmación de que el poder del "grito" de Ono reside en su evocación violenta y discordante de una intensa inmediatez corporal,

me gustaría argumentar que esta "inmediatez corporal" producida por su "grito" también está vinculada al paradójico proceso de abyección corporal. (Brown 2012: s. p.)[22]

Los gritos de Ono rompen con las prácticas tradicionales de interpretación vocal de la música e incluso muestran la imposibilidad de crear un sentido a partir de la articulación de algún tipo de palabra. Los gritos son la abyección sonora del cuerpo que impacta con lo normativo para que lo normativo salte por los aires. La voz de Ono no representa ningún tipo de belleza, ni es lírica, ni se integra en la música, lo que hace es provocar una rápida reacción en los oyentes que no los deja indiferentes, sino al contrario, que los invita a pensar en lo no-normativo, lo ancestral, lo primigenio. Los sonidos interiores preceden a cualquier tipo de simbolización. Estos sonidos interiores apelan directamente a las emociones. En *Why?*, del primer disco en solitario de Yoko Ono, *Yoko Ono/Plastic Ono Band* (1970), el oyente es agredido con una serie de gritos que tienden a la brutalidad y que conllevan una tensión con otros ruidos corporales que interrumpen, desafían y, en última instancia, transfiguran diversos códigos simbólico-musicales. El tema va repitiendo la palabra *Why?* Pero con los sonidos que ella emite resignifica la palabra diversas veces con sus múltiples acrobacias vocales, llegando a romper su subjetividad vocal. En *Don't Worry Kioko* pasó algo distinto, como bien nos explica Shelina Brown:

---

22   «Ono's screams emerge from the depths of her body, unleashing a subversive vocality that threatens to destabilise not only the boundary between music and noise, but also the gendered and racialised sonic codes that delineate acceptable modes of vocal musical expression. In their politicised interpretation, Ono's unruly vocalisations thus point back to the deepest reaches of her own unique, albeit gendered and racialised body. In this paper, Yoko Ono's extreme vocalisations Will thus be treated as revolutionary cultural expressions that constitute visceral responses to 1960s and early 1970s political movements and countercultural practices. Taking as a starting point the assertion that the power of Ono's 'scream' lies in its violent, jarring evocation of an intense bodily immediacy, I would like to argue that this 'bodily immediacy' that is produced by her 'scream' is also bound to paradoxical process of bodily abjection» (Brown 2012: s. p.).

"Don›t Worry Kyoko" se desarrolla como un competitivo tira y afloja tímbrico entre al menos tres voces distintas: la del vibrato kabuki, la voz contralto que entona repetidamente las palabras "no te preocupes" y una voz cyborgiana aguda. Vocalidad que sugiere una cualidad sintetizada, similar a una máquina, que oscila entre lo artificial y lo hiperfemenino. (Brown 2012: s. p.)[23]

En este tema podemos observar una exhibición de distintas texturas que nos transportan de los gritos animales hasta obras vocales de la Escuela de Viena de Schönberg. Para Ono la música experimental no representa la negación de la tradición musical, especialmente la occidental, sino la subversión de sus principales valores o fundamentos. Su amplia formación musical, que adquirió principalmente en Japón, la llevaron a romper con lo normativo y la pretensión de universalidad de la música. Así pues, y a partir de sus propias investigaciones artísticas, llegó a pervertir los sonidos lógicos de una noción canónica de la música y a establecer una alianza fuerte entre el lenguaje común y las indicaciones musicales a fin de responder, como uno de los objetivos más importantes de su obra, a una democratización del arte, a la fusión indisoluble de arte y vida.

---

23   «Don't Worry Kyoko' unfolds as a competitive timbral tug-of-war between at least three distinct voices: that of the kabuki vibrato, the alto voice repeatedly intoning the words 'don't worry', and a high-pitched, cyborgian vocality that suggests a machine-like, synthesised quality —one that vacillates between artificial and hyper-feminine» (Brown 2012: s. p.).

Referencias

Aumente Rivas, Pilar (2013): «Mujeres artistas del entorno Fluxus. Pioneras del arte de acción», *Arte y Ciudad-Revista de Investigación*, 4, octubre, 115-154.

Bourriaud, Nicolas (2005): «Yoko Ono and Gentle Energy», en Yoko Ono, Gunnar B Kvaran, Nicolas Bourriaud, Hans Ulrich Obrist *et al.*, *Yoko Ono: Horizontal Memories*, Oslo: Astrup Museum of Modern Art and Ed. Grete Arbu, 39-46.

Brown, Shelina (2012): «Scream from the Heart: Yoko Ono's Rock and Roll Revolution», *Volume !*, 9, 2. Disponible en: http://journals.openedition.org/volume/3415 [consulta: 24/8/2022] DOI: https://doi.org/10.4000/volume.3415

Butcher, Megan (2018): «Fluxus: The Significant Role of Female Artists», *Honors College Theses*, 178. Disponible en: https://digitalcommons.pace.edu/cgi/viewcontent.cgi?article=1185&context=honorscollege_theses [consulta: 24/8/2022]

Clayson, Alan (2004): *Woman. The incredible life of Yoko Ono*. New Malden-Surrey: Chrome Dreams.

Hendricks, Jon ed. (1990): *Yoko Ono: To See the Skies*. Milán: Mazzotta.

Levitz, Tamara (2005): «-e Unfinished Music of John and Yoko», en Avital Bloch y Lauri Umansky (eds.), *Impossible to Hold: Women and Culture in the 1960's*. Nueva York y Londres: New York UP and Eds. Avital H. Bloch and Lauri Umansky, 217-239.

Lussac, Olivier (2016): «Yoko Ono et la musique», *Yoko Ono*, Musée d'Art Contemporain de Lyon, Lyon. Disponible en: https://www.researchgate.net/publication/336553878_Olivier_Lussac_Secret_Piece_-_Yoko_Ono_et_la_musique_Catalogue_Yoko_Ono_Musee_d%27art_contemporain_de_Lyon_2016_version_d%27etape [consulta: 24/8/2022]

McMullan, Tracy (2010): «Subject, Object, Improv: John Cage, Pauline Oliveros, and Eastern (Western) Philosophy in Music», *Critical Studies in Improvisation / Études critiques en improvisation*, 6, 2, 10.

Munroe, Alexandra and Jon Hendricks (2000): «The Spirit of YES: The Art and Life of Yoko Ono», en Alexandra Munroe, *Yes: Yoko Ono.* Nueva York: Japan Society and Harry N. Abrams Inc.

Ono, Yoko (1970). *Pomelo.* Buenos Aires: Ediciones de la Flor.

Ono, Yoko (23 de febrero de 1972): «The feminization of society», *The New York Times*, 42.

Ono Yoko (1992): «Preface», en Gillian G. Gaar. *She's a Rebel: The History of Women in Rock & Roll.* Seattle: Seal Press.

Polo Pujadas, Magda, Tania Alba y Enric Ciurans (eds.) (2013): *L'accionisme en els límits de l'art contemporani.* Barcelona: Edicions Universitat de Barcelona.

Wiener, Jon (1989): «Pop and Avant-Garde: The Case of John and Yoko», *Popular Music and Society*, 22, 1-16.

Sontag, Susan (1966): «One Culture and the New Sensibility», en *Against Interpretation*, Nueva York: Farrar, Straus and Giroux Publishers.

ESTHER FERRER (1937)

La encarnación de la música en la voz de Esther Ferrer

RAQUEL CASCALES TORNEL
Universidad de Navarra

> Cada sonido está preñado de relaciones acústicas.
> (Susana Jiménez)

Las fronteras del arte han ido ampliándose en el último siglo gracias a la ingente labor de grandes artistas que las han empujado hasta, en algunos casos, derribarlas por completo. Esther Ferrer es, sin duda, una de esas artistas. Romper moldes, no obstante, acarrea la dificultad de encajar más adelante en alguno. Ferrer contribuyó a ampliar los límites de la música sin ser música, de la poesía sin ser poeta, del arte sin ser artista. O, al menos, sin considerarse dentro de ninguna de esas categorías. Más que «arte», ella prefiere decir que hace «cosas». Cosas es una palabra abstracta que no refiere a ningún terreno específico. Todos hacemos cosas en distintos lugares todo el tiempo, pero no todo el mundo se da cuenta de la importancia que tiene cada acción. La vida está llena de las cosas que hacemos, pero no todas significan lo mismo. Y aquí radica el quid de la cuestión. Esther Ferrer hace cosas y no arte, porque no separa el arte de la vida. Al más estilo du-champiano, no hay un momento en el que ella conciba que está saliéndose del tiempo y espacios cotidianos para entrar en ese ámbito aurático en el que se produce el arte. Arte y vida son una misma cosa para ella.

Esta unión de los binomios arte-vida determina la perspectiva que vamos a tomar en este trabajo para hablar de su relación con la música. En primer lugar, hablaré de la influencia recibida por la concepción musical de John Cage y su participación en el grupo ZAJ. En segundo lugar, me centraré en analizar el concepto de música de Esther Ferrer en relación con el tiempo, el ritmo o los números, presente en múltiples instalaciones, fotografías y performances. Por último, repasaré su trabajo sonoro y, especialmente, las obras relacionadas con el lenguaje y la voz. Esta óptica, señalada en los últimos años por autores como Diego Luna (2017) o María Salgado (2017), permitirá tratar en conjunto tanto algunas de sus performances, como sus instalaciones o conferencias. Desde esta perspectiva, poco tenida en cuenta hasta ahora, tendremos una visión mucho más amplia de la obra de la artista conectada con distintas corrientes conceptuales del momento. Esta amplitud de miras permite valorar sus aportaciones no solo al mundo de la performance, sino del arte en general y del terreno musical en particular[1].

1. Cage, ZAJ y la expansión de la música

Esther, nacida en San Sebastián en 1937, no sabe bien cuándo empezó en el mundo del arte. Al preguntarle por ello, responde que su «vida está bañada en el arte desde siempre» (Ferrer en Cascales 2022: 1249).

---

[1]   Además de basarme en la literatura especializada, este trabajo ha sido posible gracias a la entrevista que pude realizar a Esther en su casa de París el 31 de octubre del 2021, publicada una parte al año siguiente (Cascales 2022) y a las múltiples conversaciones mantenidas con ella posteriormente a través del correo electrónico o por Zoom. Ello no sólo ha permitido clarificar datos autobiográficos hasta ahora confusos, sino conocer mejor aspectos de su obra artística.

Desde que era pequeña pintaba junto a su hermana e iba a exposiciones y conciertos con su padre los domingos en la capital donostiarra. Cuando creció y tuvo más autonomía conoció a artistas y empezó a hacer lo que le gustaba hacer. Aunque siempre estuvo relacionada con el mundo artístico, sus estudios no estuvieron relacionados con el arte (Ferrer y Paulhan 2021: 11-12).

Tras llevar a cabo un estudio de las fuentes, la cronología de sus estudios fue la siguiente. Al finalizar bachillerato se matriculó en 1954-1955 en Magisterio. Tras ello, en 1958, empieza en la Escuela de Asistentes sociales en San Sebastián, abierta ese mismo año, para trabajar después en Contadores de la Unión un tiempo hasta que se fue a París como *au pair*. En 1961 volvió y se vinculó a la Asociación Artística de Guipúzcoa, de la que llegó a ser vocal mientras Amable Arias era director (1962-1963). En 1963 creó, junto a José Antonio Sistiaga, el Taller de Libre Expresión en San Sebastián y, un año después, la Escuela Experimental de Elorrio (Bizkaia) junto al propio Sistiaga (Onandia 2016). En 1967, con 30 años, comienza la carrera Periodismo en la Universidad de Navarra, donde cursa dos años hasta que es expulsada y acaba en Madrid el año que le quedaba, en 1969.

En 1967, gracias también a Sistiaga, es invitada a participar en una acción del grupo ZAJ, conformado tres años antes por Ramón Barce, Juan Hidalgo y Walter Marchetti (Barber 2019). Ellos buscaban a una mujer y Sistiaga le dijo a Esther que creía que era la única persona capaz de hacerlo. Sistiaga no le dijo que consideraba que fuera la única mujer capaz de realizar un tipo de arte vanguardista, sino la única persona. De hecho, después de ella no se sumó ningún miembro más al equipo, aunque otros, como Tomás Marco, participaran de forma puntual en alguna acción, especialmente si necesitaban alguna otra persona para realizar la acción: un concierto ZAJ en el Museo de San Telmo, en San Sebastián, en el que participaron Juan Hidalgo, Walter Marchetti, Esther Ferrer, Mendiburu, Sistiaga y Castillejos. Ese mismo día, Hidalgo y Marchetti le dijeron que les parecía muy bien cómo lo había hecho y que, si quería unirse, a lo que ella respondió que mientras pudiera seguir trabajando como ella quería, sí. Tras ello, realizaron cuatro conciertos más en el Instituto Vascongado de Cultura Hispánica de Bilbao. En enero de 1968 realizaron un tour europeo en plenas revueltas estudiantiles que les permitió darse a conocer en el extranjero[2].

Todos en ZAJ tenían una formación musical tradicional y profesional, mientras que ella no tenía más formación que la de autodidacta. Dicha formación consistía en su continua participación en los conciertos donostiarras y a sus continuos pasos fronterizos a Francia, donde conocía, a través de libros y revistas, lo que se estaba produciendo artísticamente a nivel internacional. En este sentido, antes de conocer a ZAJ, ya había escuchado a John Cage, se había interesado por sus ideas y se había visto reconocida en ellas. Ella misma cuenta como de pequeña disfrutaba mucho los ratos de preparación del auditorio en el que los músicos estaban afinando los instrumentos tras la cortina y deseaba que todo el concierto fuera así. No obstante, como ella también afirma, Cage le ayudó a ampliar su campo de escucha, percibiendo todos los ruidos de este mundo como música y a concebir, por tanto, que la música suena en todas partes, incluso en el silencio[3]. Esto es así, porque lo importante en música no es el sonido, ni el compás, ni el ritmo, sino la duración: algo que ocurre en las coordenadas de espacio y tiempo. Junto con esta idea, también se vio reconocida en la importancia de la simplicidad, el azar, el dejar de lado la subjetividad, etc. En definitiva, todo lo cotidiano, toda la unión con la vida, como ya había puesto de manifiesto Duchamp, cobraba un cariz nuevo siendo potencialmente

---

2   La secuencia de los conciertos fue: Concierto ZAJ en el Festival de Arte Contemporáneo en Rouen (3 de mayo), en el Museo de Arte Moderno de París (7 de mayo) y tres en la Galería Rudolf Zwirner de Colonia (9 de mayo), en el Liol Raum de Jörg Inmendorf y Chris Reinecke de Dusseldorf (14 de mayo), y en la Escuela Técnica de Aquisgrán (22 de mayo). Disponible en: https://www.culturaydeporte.gob.es/dam/jcr:2313566a-d334-4854-a982-a7497c26feef/cveferrer.pdf

3   Al preguntarle en la entrevista personal de octubre de 2021 si había otros compositores que le han influido en su vida, Ferrer destaca a Éliane Radigue y Tom Johnson, tanto a nivel profesional como por la relación personal que mantiene con cada uno.

artístico. Este mismo espíritu es el que encontró en los otros miembros de ZAJ por lo que decidió pasar a formar parte del equipo.

Todos ellos estaban a la vanguardia de lo que se estaba haciendo en el campo de la música contemporánea y experimental. Por ello, no tuvieron ningún problema en denominar sus acciones desde el principio como «conciertos», además de que, como afirma Ferrer, los conciertos tenían la ventaja de ser los únicos espectáculos que no tenían que pasar censura franquista. En la línea de lo que se estaba haciendo fuera de España, muchos de estos conciertos no se producían en lugares habituales. Aunque a veces usaran teatros o se hablara de «conciertos de teatro musical» (Sarmiento 2007), no deseaban acercarse a la teatralidad, sino más bien cuestionarla y disolverla. Si ellos «interpretaban» no era a la manera teatral tradicional, donde se presupone cómo se deben comportar tanto los compositores como el público. Por el contrario, influidos por el teatro futurista, como señala Alonso (2016), y el carácter performativo de Artaud[4] (Luna 2017) convirtieron sus conciertos en un espectáculo total unido a la vida (Sarmiento 1996: 17).

Por esta razón podían tener instrumentos tradicionales, como los pianos preparados que aparecen en el concierto del que se hizo eco el NO-DO de 1965[5], pero no tocarlos de forma tradicional, provocando el desconcierto, la risa o el enojo de los espectadores, que pasarán a formar parte de la obra completándola. Pero también podía ocurrir que utilizaran instrumentos no musicales –como una manguera para soplar en agua y realizar *Variations IV* (1964)– o no utilizar ningún tipo de instrumentos, como ocurre en *Música para un piano vacante* (1966) de Juan Hidalgo y José Luis Castillejo o en *Coral hablado* (1966)

---

4   En las propias palabras de Artaud: «Para mí, la cuestión que se plantea es la de permitir que el teatro recupere su verdadero lenguaje, un lenguaje espacial, lenguaje de gestos, de actitudes, de expresión y mímica, lenguaje de gritos y onomatopeyas, lenguaje sonoro, en el que todos estos elementos objetivos vendrán a ser signos visuales o sonoros, pero con tanta importancia intelectual y significación sensible como el lenguaje de las palabras» (1993, 200).

5   Ligre, Raúl (1 de agosto de 2017): *Zaj (Fluxus) en el NO-DO 1965* [vídeo]. YouTube. https://www.youtube.com/watch?v=ahUJmP-WM8U [consulta 8/4/2023].

de Ramón Barce, mucho más cercano a la poesía sonora por la importancia otorgada a la voz (Diego 2020). De esta manera, como señala Luna, ZAJ alteró «los recursos técnicos y abandonó los principios lingüísticos sobre los que hasta entonces se había centrado la música, hasta la radical apuesta por la poesía pura, sin ningún tipo de coerción gramatical, en diferentes soportes lingüísticos» (Luna 2016: 52).

El gran encuentro del grupo con John Cage se produjo en los Encuentros de Pamplona de 1972 (Zubiaur 2004; Fernández González 2024), dentro del cual, el 28 de junio, realizaron el concierto de acción *ZiüeAëouj* en el teatro Gayarre[6]. Cage quedó entusiasmado con el grupo hasta el punto de prepararles toda una gira por Norteamérica y Canadá, gracias a la cual Esther Ferrer conoció al compositor Tom Johnson, con el que compartiría el resto de su vida. La relación con Cage continuó en 1978 cuando participaron en el happening colectivo *El tren de John Cage. A la búsqueda del silencio perdido* (Trenes de la red ferroviaria de Bolonia, 26-28 de junio de 1978)[7].

Para esta ocasión, Esther Ferrer realizó *El hilo del tiempo* (Bolonia 1978) con la que intervino uno de los vagones del tren con hilos que atravesaban todo el vagón. Por una parte, con esta acción Ferrer materializa, hace visible la invisibilidad del tiempo. Pero ¿en qué sentido? En el sentido cageano que comentábamos antes: lo importante en música es aquello que transcurre en las coordenadas de espacio y tiempo. Por ello, el trazo de los hilos que Ferrer planteó permitía representar visualmente ese transcurrir espacio-temporal. Al mismo tiempo, los hilos muestran la fragilidad de ese sucederse, su carácter envolvente (el tiempo nos envuelve, traspasa e incomoda como los hilos

---

6   El concierto estaba dedicado al tiempo, como puede verse en la mayoría de los títulos: *12345678910111213*, *Paralelo 40*, *Seis minutos para dos intérpretes y tres posiciones con contacto personal*.

7   Todos ellos le vuelven a rendir homenaje en *4,15 para hombre-músico enjaulado* «el intérprete permanece durante 4'15" dentro de una jaula esquemática hecha con 4 listones de madera y sujeta a la balaustrada con una cuerda. Luego tirará del cabo de la cuerda elevando la jaula esquemática y dejándola suspendida, y abandonará el escenario a los 4'33"».

desplegados en ese vagón) y efímero (el tiempo se nos escapa sin que podamos asirlo, hasta que en algún momento el hilo es cortado, como se dice en la mitología, acabando con nuestra vida). Esta materialización del tiempo como expresión de la música llevada a cabo en esta acción entronca totalmente con lo que luego se ha considerado arte sonoro. En palabras de Carmen Pardo, arte sonoro es la «expresión que engloba un conjunto de prácticas artísticas que se desarrollan en el espacio surgido de la música experimental y de una concepción expandida de la escultura en la segunda mitad del siglo XX» (Pardo 2016: 48).

Así, aunque Esther Ferrer comenzó en las corrientes de experimentación «más clásica», no se quedó ahí, si no que siguió ampliando el concepto de música hasta límites insospechados[8]. Ella misma dice que si empezó a incluir «sonido» en sus performances fue para contar el tiempo, para contar los silencios. En el siguiente epígrafe me centraré en analizar precisamente su relación con lo sonoro a través de su tratamiento del tiempo. Especialmente esto es más evidente en su obsesión con los números o los ritmos, con las repeticiones y variaciones, con su intento de visibilizar el transcurrir temporal o de vivir el tiempo en un presente absoluto a través de la performance.

2. Tiempo, variación y repetición

Los «conciertos» que encontramos de Esther Ferrer son los realizados con ZAJ, pero ella nunca denominó a sus propias acciones de tal modo. Por ello, a partir de los años ochenta, encontramos directamente la denominación de performances para hablar de sus obras. Aunque

---

8   Sólo una vez parece haber usado música directamente en una performance, *Música mientras trabaja*, titulada de la misma manera que un programa de radio popular en los años noventa. La performance consistía precisamente hacer lo que hacía todo el mundo que escuchaba el programa: trabajar. Sin embargo, alguien del público le expresó la emoción que le había supuesto escuchar a Mozart mientras barría y limpiaba, decidió dejar de hacerla. Ferrer no quería que la música fuera el modular emocional de la performance y frente a la posibilidad de que la música se convirtiera en ese apéndice, acabó radicalmente con la obra. Notas de la entrevista realizada en octubre de 2021.

seguirá hablando de partituras[9], estas deben entenderse como una serie de apuntes, dibujos y esquemas -nunca un guion-, que permiten la ejecución de la acción en el tiempo y en el espacio. Esta comprensión de la partitura conecta perfectamente con su definición de performance como «un arte del tiempo, del espacio y de la presencia» (Ferrer en Pérez 2011: 49)[10]. La importancia del tiempo en la obra de Esther Ferrer fue trabajada especialmente en la exposición que realizó Artium en 2011. En ella se puso de manifiesto como el tiempo es comprendido como duración, en sentido bergsoniano, como una sucesión de presentes que dan forma y definen los espacios, la memoria, la historia mundial y la identidad personal. Como dice Rosa Olivares, «el lugar y la repetición definen una presencia, un cuerpo que cambia con el tiempo y una presencia que es nuestra vida» (Olivares 2011: 19). La forma que Ferrer tiene de materializar ese tiempo es a través del espacio, con sus instalaciones de números primos donde el tiempo se esculturiza; en sus fotografías donde se el tiempo se eterniza; y en sus performances donde el tiempo se instantaneiza.

En primer lugar, buscando cómo alejar la subjetividad de sus creaciones, Esther Ferrer dio con los números primos, tras verse rodeada de ellos un día en sueños, tal y como ella ha contado en repetidas ocasiones. Estos números son secuencias que, aunque puedan parecer aleatorias, poseen una enorme secuencialidad, un orden interno que Ferrer pone una y otra vez de manifiesto. La artista donostiarra coge la lista de los números primos y empieza a trabajar con ellos a

---

9   Nieto alude como referencias inspiracionales a los *poèmes-partitions* del poeta sonoro Bernard Heidsieck, a las ediciones del festival Polyphonix de París de Chopin o a los guiones del grupo Fluxus, que ella conocía bien (2022: 123). Sin embargo, como destaca Salgado es importante entenderlas desde una «concepción expandida del lenguaje», lo cual permite también a Ferrer denominar «poemas» al conjunto de obras e instalaciones que realiza partiendo de las infinitas posibilidades combinatorias de los números primos (2018: 162-163).

10   Como señala García la partitura «ya no es un espacio de especulación de un tiempo fuera del tiempo, ni una barrera simbólica entre músico profesional y no profesional, sino una sencilla herramienta que permite la articulación de sonidos y acciones dentro de un espacio temporal y espacial compartido (2018: 305).

partir del número que le interesa en ese momento. Así, va generando obras de carácter escultórico, ya sean cuadros en relieve con hilos o instalaciones, utilizando las innumerables variaciones numéricas, como podemos ver en *El poema de los números primos* (1985). Podemos decir así que la artista utiliza los números como otros compositores utilizan las notas musicales. Una vez tenido dicha secuencia podían haberse expresado de forma aleatoria, sin embargo, Ferrer se sujeta al más puro rigor matemático. Siguiendo el modo pitagórico, los números de estas secuencias se expresan espacialmente generando instalaciones de todo tipo.

Ella juega, en primer lugar, con la repetición llevándola al extremo y mostrando que no puede haber repetición exacta de lo igual, como señala Johnson (2011: 133). En segundo lugar, juega con las variaciones, pues todas las variaciones son válidas, como se titulaba la exposición del Reina Sofía de 2017. Sin embargo, cualquier variación en la distancia de representación de los números puede llegar a modificar el planteamiento matemático. Lo mismo ocurre con otra serie de números que podemos encontrar en su obra, como el número pi, la serie de Fibonacci, el triángulo de Napoleón o los números primos de Sophie Germain, que presentó en Tabacalera en 2022. A este respecto, Itxaro Delgado ha puesto de manifiesto la correlaciones entre lo visual y lo sonoro resaltado la aparición en las obras de Ferrer como las repeticiones, las ordenes, los intervalos, la ocupación del espacio o la utilización los distintos ritmos (Delgado 2008: 411).

En segundo lugar, Ferrer trata de visibilizar el tiempo a través de sus fotografías. Especialmente es interesante a este respecto su *Autorretrato en el tiempo,* una secuencia fotográfica de su rostro que empezó en 1981 y que, cada cierto tiempo, vuelve a repetirse (1981, 1989, 1991, 1994, 1999, 2004 y 2009). Estas imágenes representan un instante congelado de la vida de la artista, que ella misma rompe al dividirlas por la mitad simétricamente y combinarlas con otro autorretrato de un año distinto. Encontramos, por tanto, una variación constante que, además de mostrar que la repetición es imposible, genera un diálogo temporal que muestra el transcurrir y los efectos que generan en el propio cuerpo o, en definitiva, en la vida. Viendo las huellas del paso del tiempo en el rostro de la artista, el espectador reflexiona sobre ese propio proceso que ha acontecido en su propia vida. En *Autorretrato en el espacio, de la nada a la nada* (1987-2014) el transcurrir parece más evidente ya que las fotografías están expuestas una al lado de la otra ocupando la sala expositiva por completo. Como señalan Adán y Pascual, en estas fotografías vemos la persistencia de lo mutable, la identidad y la diferencia, hablándonos no sólo del tiempo y su devenir en el espacio, sino que vemos «el transcurso mismo» (Adán y Pascual 2020).

Este mismo interés por los números, la medición, las repeticiones y las secuencias con carácter infinito podemos encontrarlo en su performance *Íntimo y personal*, pensada a finales de los años sesenta y realizada en su primera gira norteamericana en el estudio de Merce Cunningham y en la galería The Kitchen. El espacio de esta performance es el cuerpo, propio o ajeno, mientras que el tiempo aparece en las mediciones realizadas en el cuerpo seleccionado. Según las instrucciones de la propia artista, que uno puede encontrar en lo que antes denominábamos partituras:

> Las mediciones las puede hacer una persona o varias, puede hacerse estando desnudo/a o vestido/ y en cualquier posición. Cada persona tiene un metro medirá el cuerpo que quiera y cada vez que se tome una medida se colocará en ese lugar un punto, una nota musical o un número, inmediatamente después o al tiempo se debe decir el número en voz alta, tocarlo con un instrumento o cantarlo (Ferrer 1998).

La diferencia de esta obra con las anteriores es la introducción del azar. Se pueden obtener tanto números como partes del cuerpo se elijan medir, según las repeticiones que realicemos o cuántos números sumemos, generando un proceso infinito. Incluso aunque midamos las mismas partes en personas diferentes estas siempre serán distintas, ya que cada cuerpo humano es diferente. Una vez terminado el proceso de medición, cada uno deberá elegir libremente qué hacer con los números: sumarlos, anotarlos, cantarlos, etc.

La preocupación por la narración del tiempo, por la captación del instante y por la vida podemos verla también en sus performances. Las performances ponen de manifiesto el intento por estar y hacer que los demás estén «en el aquí y ahora»[11]. Como la propia artista dice: «el performer no es un actor, no encarna más que a sí mismo […] el performer presenta, no representa» (2017a: 43). Entre todas las performances relacionadas con el tiempo, merece la pena mencionar tres: *La primera media hora* (Madrid, 1983), *El tiempo de la performance* (Quebec, 1990) o *Tres acciones y el tiempo que pasa* (Madrid, 1993). El tiempo en ellas está explícitamente marcado por relojes o cronómetros, pero estos no siempre tienen porqué ir sincronizados y pueden ir a destiempo, provocando una disociación temporal. De la misma manera, la artista puede acelerar o desacelerar el tiempo con los movimientos de su cuerpo o con su voz (Barber 1996: 35), remarcando la subjetiva vivencia de lo temporal. Algo distinto ocurre en la acción *Dar tiempo al tiempo* (2000) realizada en la Galería Arsenal de Polonia, donde la artista prepara una acción en la que se visibiliza no solo el transcurrir temporal, sino también cómo nos consume. Situada en la última planta, empezó a recortar folios en tiras, dejándolos caer por el hueco de la escalera hasta los pisos inferiores. Sin que ella dijera nada, los presentes se sumaron a su acción recortando los folios que encontraban en la escalera al tiempo que descendían por ella. Al acabar con los folios, la artista empezó a recortar su ropa hasta llegar a la planta baja, donde se quedó desnuda rodeada de las tiras de papel recortadas. La vida es aquello que transcurre hasta que acaba, que recorremos, que recortamos hasta que ya no queda nada, parece decirnos.

---

11   El hacer de una artista como ella activa el arte actual, vive el transcurso del tiempo y está ahí pero no como una intrusa que se sitúa ante el espectador o como objeto de la acción, sino que ella misma se integra como elemento y dota de sentido a la obra. Por lo que se podría decir que la performance al alejarse del sentido objetual se nos presenta como experiencia que transita, que cuenta lo que acontece (Adán, Pascual, 2020).

Otras performances están más relacionadas con el espacio sin dejar por ello de tener su principio temporal, puesto que lo que hace es precisamente recorrer o atravesar el espacio; es decir, volver a poner el acento en el transcurrir temporal. En *Recorrer un cuadrado de todas las formas posibles* (Düseldorf, 1997) la artista dice en voz alta una letra (a, b, c o d) refiriéndose a una de las esquinas del cuadrado e indicando cuál es el siguiente paso que va a dar. Aunque las letras están en el suelo, el cuadrado no existe hasta que ella lo enuncia y lo recorre de múltiples formas, ya que todo paso es válido. Aunque lo veremos a continuación con detenimiento, cabe destacar además aquí la importancia de su voz, del ritmo que establece con su caminar e, incluso, del sonido que puede provocar su caminar si se hace en el exterior, como ha ocurrido alguna vez. Por último, en *Performance a varias velocidades* (Polonia/Suiza, 1998), la artista realiza varias carreras a distinta velocidad como si tratara de alcanzar el tiempo que se nos va. La acción conllevaba, sin duda, un aceleramiento cardiorrespiratorio que, al ser realizada en edad más avanzada, otorgaba un dramatismo emocional que no era del agrado de la artista. Razón por la cual decidió acabar con ella, enterrarla, de la forma más literal, cuando le ofrecieron la ocasión en el Cementerio de Obras de Arte de Morille (2009) (Jarque 2009).

3. La encarnación de la música en la voz

Como se ha visto hasta ahora, el cuerpo es muy importante en las obras de Esther Ferrer. El cuerpo tiene una dimensión visual indudable, que ha sido puesta de manifiesto muchas veces en el campo performático por el peso que tiene la presencia. Sin embargo, es menos común atender al aspecto acústico del cuerpo, como se está reclamando en el campo de la somaestética o la musicología fenomenológica y feminista (Tarvainen 2019). En todos estos casos se reivindica la necesidad del cuerpo para producir sonido y para escucharlo. El sonido reverbera en la sala y en el propio cuerpo de cada espectador envolviéndole, introduciéndose dentro de él y haciéndole partícipe de la performance en directo. En este sentido, como señala Mackendrick, la voz tiene un aspecto matérico del que pocas veces nos damos cuenta (2016: 10) y que ha sido muy poco considerado en el caso de Ferrer (Rozas 2022; Noheda 2022).

Tomaremos, por tanto, en este último apartado la voz como sinécdoque, como la parte del todo que es el cuerpo, pues como dice Davini «hay una dimensión imagética en el sonido que, en el caso de la voz, nos hace asociarlo a la fuente que lo produce, en este caso, al cuerpo de quien canta o habla» (2007: 86). Pese a que el ser humano no dispone de un órgano concreto para la producción vocal, la voz hace presente al cuerpo, es una prolongación de él, llegando más lejos de lo que a veces llegan nuestras manos. Posee la capacidad de extenderse otorgando una posibilidad expresiva diversa desde otra materia que no es menos cuerpo que los órganos físicos que la producen. Barba lo resume diciendo que el cuerpo es parte visible de la voz mientras que la voz es cuerpo invisible que obra en el espacio (Barba en Ruiz Lugo y Monroy 1994, 558). Por otra parte, también podemos decir que la voz es un signo que identifica a la persona, desde el nacimiento hasta la muerte, a través del cual nos reconocemos a nosotros mismos (Le Breton 2021) y a otros cuando nos relacionamos con ellos, pues la fuerza de cualquier acto de habla es tanto melódico como social (Kramer 2012).

Entre las obras de Esther Ferrer encontramos muchas obras sonoras. Estas obras contienen el sonido no como acompañamiento, ni mucho menos distracción, sino como parte esencial de la performance[12]. El tratamiento de la voz por parte de John Cage, como ocurre *Solo for Voice I* (1958) influyó a muchos artistas de esa época conduciéndoles a tratar la voz como si de un instrumento más se tratase[13].

---

12   Muchas de las obras de Esther Ferrer no se conciben como obras sonoras, pero es indudable el papel del sonido, como ocurre en *Se hace camino al andar*. En esta pieza, la autora salió del teatro para continuar caminando por la calle, mientras que el público escuchaba en la sala su voz, ya disociada del cuerpo, junto con el resto de elementos sonoros (Noheda 2022: 117).

13   En esta línea encontramos la *Coral hablado* de Barce (1966), *Voice Piece: One-Note Internal*

Es interesante considerar cómo a finales de los años 70 Ferrer había concebido ya *Concierto ZAJ para 60 voces*[14].

En esta pieza la artista dirige al resto de intérpretes que deben enunciar cada minuto que pasa («un minuto», «dos minutos», etc.). El desarrollo se hace de forma coral, es decir: la primera persona dice «un minuto», en el siguiente minuto, tanto la primera como la segunda persona dicen «dos minutos» y así sucesivamente, acumulándose las voces hasta llegar a los hasta los 60 minutos. Pueden decirlo de la forma que quieran (recitando, cantando, vocalizando, etc.), cuantas veces desee y en el idioma que prefieran durante ese minuto. En esta misma línea en la que se habla de modo coral o en continuidad (Pardo 2008) pueden encontrarse otros conciertos en los años 70 como *Concierto ZAJ para voz (versión abreviada A o A')* o *Concierto ZAJ «Secreto a voces»* (1976). Después tenemos dos cánones, donde los sonidos y las palabras se van acumulando, como ocurre en el canon musical. En 1996 encontramos *Performance para 4 sillas, 1 mesa y 1 ventilador,* en el que los elementos se introducen sucesivamente y repiten el movimiento que les precede y donde caben múltiples variaciones. Más recientemente, en *La coral del miedo* (2016), Ferrer junto con otras 60 personas, interpretaron la misma dinámica que en el concierto de 60 voces de ZAJ, pero ciñéndolo a un texto concreto en torno al miedo. Esther empieza diciendo en voz alta «tengo miedo», a lo que el resto de la coral responde con la entonación que deseen: «yo también», para responder los últimos con «y yo»[15]. Un juego de resonancias no solo vocales sino también

---

Resonance Investigation (1975) de Joan La Barbara o *Music for Mallet Instruments, Voices and Organ* de Steve Reich (1975). Estas últimas piezas fueron reseñadas por Tom Johnson, pareja de Esther Ferrer, para el magazine *The Village Voice,* por lo que no es difícil pensar que las conociera de primera mano (*cf.* Johnson 1989).

14   La acción fue realizada por vez primera en la exposición *Esther Ferrer. Todas las variacioes son válidas, incluida esta,* en el Palacio de Velázquez (2018). Una versión de 30 voces se realizó en el Centre d'art contemporain, Brétigny (2010).

15   Esta performance aconteció en el Centro de Arte Tomás y Valiente de Fuenlabrada, 2016. Posteriormente pasó a formar parte del libro objeto S.T. n.23. El Miedo, en el que se incluyen la grabación y fotos de la acción, la obra de 53 artistas y la partitura de Esther

emocionales que transforma la experiencia del espacio y tiempo (Nieto 2022: 134).

En la larga trayectoria de Esther Ferrer, como se ha podido ver hasta ahora, una característica que resalta en su obra es el gusto por la sencillez y el minimalismo cotidiano. En lo que respecta a lo sonoro, no debe sorprender que la artista apueste por algo tan cercano, sobrio y sencillo como la voz, ya sea la suya o la de otros. Una apuesta por la voz, por la sonoridad (Ferrer 2017b: 90), pero también por la experimentación con el lenguaje, pues cambiar el lenguaje, como bien se sabe desde los dadaístas, es cambiarlo todo.

En muchas obras es posible escuchar la voz de la artista para contar el tiempo, contar objetos, historias o dar explicaciones de algún tipo. Tal como señala David Pérez, computar, numerar no tiene como fin contar cantidades (de sonidos, de tiempo, de sillas) sino realidades (2012: 59). Lo que importa en estos casos es la repetición, es el volver a decir (Ferrer 2018: 57). En este sentido, el tiempo «acoge el ser-ahí y el estar-aquí, es decir, el interés sobre el ahora del lugar y el lugar del ahora. Interés que no genera lucro ni beneficio alguno, sino que responde a una parca constatación: la de la propia precariedad» (Pérez 2011: 63). De alguna manera, si tenemos en cuenta el carácter efímero de la existencia, mientras sigamos contando, esas realidades siguen existiendo. Y de forma más radical, mientras cada uno de nosotros podamos seguir contando, significa que seguimos existiendo. Es en este último aspecto del uso de la voz como instrumento en el que deseo centrarme en esta última sección, ya que considero que analizar este aspecto poco tenido en cuenta, nos permite entender su obra de manera total. Es decir, la perspectiva de la voz permite comprender sus performances y sus múltiples conferencias de forma conjunta, sin separación entre arte y vida.

Ferrer. Manzanares, María Jesús (9 de febrero de 2019): *La coral del miedo. S.T. Esther Ferrer* [video]. YouTube. https://www.youtube.com/watch?v=mJgv5MLJ03E [consulta 8/4/23].

Dentro de este apartado cabe hablar de forma especial de lo que la propia Esther denomina como «obras sonoras», unos poemas pensados para ser recitados en voz alta de forma compartida o en solitario, pero siempre centrada en el aspecto lingüístico. La primera de estas obras es *Mallarmé révisé o Malarmado revisada* (1968), en la que se repite una y otra vez la famosa frase de Mallarmé: «Toute pensé émet un coup de dés, un coup de dés jamais n'abolira le hasard» (Una tirada de dados jamás abolirá el azar). En *Espectáculo/Olucátcepse* (1971) hay dos columnas de palabras la primera con las palabras de derecho y la segunda del revés («olucátcepse» es el reverso de «espectáculo»), en la que se juega con la figura de la poliptoton, una figura de repetición, de tipo nominal-adjetival. Se repite una parte de la palabra, pero cambia la terminación en la que juega con la palabra «culo». Aunque las palabras son inventadas, son comprensibles porque la mayoría de los sufijos son de origen griego, haciendo alusión al habla o escritura (grafía, grama, etc.) Un poema visual que se transforma al ser recitado de forma presencial. Un lector puede recitar una parte de la palabra (escrita en minúscula), y la otra los sufijos que van variando de significado, pero también de tono, intensidad o velocidad (Noheda 2022: 119). La lectura de la segunda columna exclusiva recordará a los poemas fónicos de los dadaístas. También se pueden leer las dos columnas a la vez, llevando al absurdo el acto de recitación ya que no es posible entenderles ni del derecho, ni del revés[16].

El juego con el lenguaje y la voz vuelve a encontrarse en *Las palabras del poema* (1984), donde trabaja con el sonido de los participios pasados. Es como si las palabras fueran neutras, pero cuando «vuelven» nos dice el poema, cuando son usadas, vienen cargadas de significado. Por otro lado, frente a la aparente aleatoriedad con el que aparecen, el

---

16   Esta obra recuerda a la conferencia polifónica *Coral hablado* de Barce, donde se imparte una conferencia de forma coral. Varias voces se van superponiendo diciendo exactamente lo mismo, pero en tiempos distintos, lo cual pronto se genera un caos que vuelve absolutamente incomprensible la conferencia. Como señala Rodríguez, se trata de «una polifonía hablada, en la que priman los valores fónicos de la palabra por encima de los otros» (2010: 232)

orden que se le impone a las palabras recuerda a las restricciones que se imponía el movimiento Oulipo o a la escritura limitada. Así, los participios no sólo están ordenados de forma alfabética (de la «a» a la «z»), sino que dentro de cada línea también están ordenadas internamente por el orden que siguen las vocales (de la «a» a la «u»). En esta misma línea restrictiva también podríamos entender *Dans d'autres lieux pour la même raison ou une autre je fais une nouvelle variation si elle me plaît je la garde aussi* (1995) donde cada vez que se lee la frase se elimina la palabra del final, hasta que todas desaparecen por completo.

Por su parte, en *18 de junio del año 2000* (2000), alude a una tragedia real en la que murieron gran cantidad de chinos transportados en un remolque, por lo que la repetición que se encuentra en el poema tiene otro sentido. Se repite la frase «quizás se llamaba: –*nombre de la persona*– murió», cambiando solo el nombre de la persona aludida. No estamos seguros de sus nombres, no sabemos nada de ellos en realidad. Hacia el final, la frase desaparece y se convierten en números despersonalizados[17].

En segundo lugar, merece la pena reparar en sus radioperformances. En su estudio sobre la radio, Álvarez-Fernández compara la obra de Ferrer con el radioteatro/poesía concreta de Valcárcel Medina. Aunque en 1981, Ferrer ya había probado con la grabación en la *Suspiros de España*[18], no será hasta 1984 que conciba *Al ritmo del tiempo*, obra que sonará por primera vez en 1992, gracias al espacio abierto por José Igers en el programa *Ars sonora*, de Radio Nacional Clásica. En la pieza, la artista va marcando con su voz y con otros elementos sonoros el paso del tiempo, exactamente el paso de 29

---

17   Otra obra donde el sonido es muy importante es *Las risas del mundo* (1999/2018). En esta pieza que pudo verse en la exposición del Guggenheim de Bilbao por última vez, treinta y siete tabletas interactuaban riéndose con espectadores que no podían evitar reírse con ellas (Noheda 2022: 121). La pieza no solo supone un ejercicio de escucha y provocación, sino de reflexión sobre la interacción con los sonidos grabados y reproducidos, tecnológicamente, con los que interactuamos de forma cada vez más humana.

18   Se trata de una obra realizada para un disco de un editor italiano a raíz del 23-F. Consiste en un montaje donde podemos escuchar los suspiros de Esther Ferrer sobre un pasodoble típicamente español.

minutos 45 segundos. Sin embargo, lejos de las tramas narrativas que se podían encontrar en las radionovelas o el sentimiento del radioteatro, aquí no hay una estructura narrativa, de hecho, no hay ni sujeto ni verbo en las oraciones, sólo la repetición de la hora y los minutos que se suceden cada cierto tiempo (Álvarez-Fernández 2021: 188). Por ello, lo único que encontramos es la constatación del transcurso temporal a través de una voz sin cuerpo. Aunque parece una voz impersonal, es fácilmente reconocible en contraste con los otros sonidos o la otra voz femenina de desconocido origen que escuchamos. Aunque fue pensada para radio, la grabación permite reproducirla de manera ininterrumpida ya sea en la radio, en un museo o galería o, actualmente, donde uno quiera a través de la web[19]. Como ocurre con tantas obras, la posibilidad de reproducir la grabación lleva consigo distintos problemas a nivel filosófico, ya que la voz se torna máquina, como ha señalado Theo van Leeuwen (2010: 5-16).

La segunda pieza radiofónica, *TA, TE, TI, TO, TU (o la agricultura en la Edad Media)* de 1994, fue otro encargo de Igers para un concurso radiofónico. El proyecto inicial de Ferrer era retransmitir en vivo, a la sala en la que estaba el jurado, lo que estaban haciendo en la calle: todo el recorrido en el que van repitiendo los fonemas «ta, te, ti, to, tu» a modo de ritornelo, junto con todos los sonidos de la realidad circundante. Sin embargo, esto no fue posible y tuvo que hacerse en estudio con los archivos sonoros de Radio Nacional de España[20]. En el audio escuchamos la repetición minimalista y monótona de las sílabas acompañada de acciones cotidianas (niños jugando en un columpio, metro pasando, sirenas, agua corriendo) al tiempo que cambia el transcurso de las cosas a una cantinela (Aizpuru; Collado; De La Motte-Haber 1997).

19   Ferrer, Esther (17 de febrero de 1992): *Al ritmo del tiempo* [arte sonoro]. Radio Artnet. https://radioartnet.bandcamp.com/track/al-ritmo-del-tiempo [consulta 8/4/23].

20   La pieza fue emitida en el programa *Ars Sonora* de Radio 2 y publicada dentro del álum Ríos invisibles en 1994 (duración de 15 minutos). Posteriormente se realizó en el Festival Saga de Basilea el 25 de abril de 2009, donde pudo llevarse a cabo tal y como estaba pensada en su origen. Por un lado, había gente sentada en una sala, mientras que un grupo salió al exterior. Los sonidos se iban retransmitiendo tanto a la sala, como a la radio suiza que emitía la obra. Por último, también se volvió a repetir en Madrid en la exposición del Reina Sofía.

María Salgado compara esta obra con *4:33* de John Cage o *Vexations* de Erik Satie, para señalar como todas ellas reducen la verbalidad, la semántica y la gravedad expresiva al máximo, por lo que «desabsorben la atención del ojo del centro de la escena, al espectador de la idea del autor y a la emoción del talento de atracción» (2017b: 158-159). Con esta reducción de minimalismo oral se consigue es ampliar la lengua «a un rango de ritmos, tonos, gestos y acentos que desborda el estrecho canal de sentido entre cuyas paredes constreñimos y atenuamos nuestra experiencia del lenguaje» (Salgado 2017: 160).

Por último, la perspectiva fónica con la que estamos recorriendo el trabajo de Ferrer nos permite señalar algo no tenido en cuenta hasta ahora: la cercanía que existe entre algunas de sus performances y sus conferencias. Generalmente tomamos por separado ambas acciones, sin embargo, en la trayectoria de esta artista vemos una superposición de planos que desdibujan dicha separación, puesto que no solo amplían los límites de las performances sino de algo tan «real» como una conferencia. Los gestos y acciones que vemos en sus performances son como los de la vida cotidiana, pero es que como ella misma dice, no hay distinción:

> Para mí, es la misma vida, lo hago todo como cuando estoy en mi casa o con mis amigos, no teatralizo, no «represento» nada ni a nadie más que a mí misma tal y como soy, eso es todo y por supuesto corro el riesgo de parecer estúpida, ridícula y muchas cosas más, no me protejo de nada, soy tan vulnerable como en cualquier otro momento de mi vida (Ferrer, comunicación personal, 23 de febrero de 2022).

La primera conferencia performativa fue en los años ochenta cuando alguien le pidió que diera una conferencia sobre Fluxus y ZAJ. Puesto que no deseaba dar una conferencia clásica, decidió dar una conferencia performativa. La conferencia podría recordar a las conferencias del poeta Arthur Cravan (Jones 2019), conocida por ella, aunque no tenida en mente a la hora de realizarla, como ella misma señala. También se puede decir que, encarnando el lema «el medio es el mensaje», su manera de exponer lo que es una performance es haciendo una, al estilo de cómo Gertrude Stein trató de explicar cómo componer *Composition as explanation* (1926) con el propio texto. Más adelante, el propio John Cage hizo lo mismo en 1992 en la conferencia «Overpopulation and Art» (Cage, 1994), donde utilizó una carta de la propia Esther Ferrer hablando sobre el anarquismo, como le había pedido Cage que hiciera (Ferrer 2017b: 108).

La primera conferencia de la que debemos hablar, por tanto, es *El arte de la performance: teoría y práctica* (1980)[21]. En esta performance, Ferrer utiliza un lenguaje inventado para dar una conferencia real, lo cual tiene la ventaja de que se puede hacer en países con distintos idiomas[22]. Aunque hay varias versiones, en algunas versiones escuchamos perfectamente, pero no entendemos nada. En otras, más que hablar parece susurrar, dejando a los presentes la tarea de interpretar. En una de estas versiones solo se oye con claridad y de forma comprensible la palabra «performance» y el adjetivo que vaya asociado en cada caso: «audio-performances» mientras toca unas bocinas y una campana; «radio-performances», mientras enciende una radio y se escucha una música durante unos segundos; «performances minimalista» donde está quieta unos segundos, en contraste con la siguientes: «expresionista performance» donde grita, «pipi-cacá performance» donde come y tira todo al suelo, «performance de la destrucción», donde destruye una silla o «auto performance» donde se desnuda por completo. Tan importante es lo que entendemos como lo que no, lo que emite, como lo que calla. Los gestos que hace, el tono, los movimientos corporales y los objetos que utiliza nos permiten hacernos cargo, aun sin entender una palabra, de qué es a lo que se puede estar refiriendo. Podemos

---

21 Un extracto de la performance realizada en Es Baluard (26.01.2012) como actividad paralela de la exposición *Esther Ferrer. En cuatro movimientos* (28.01.2012-03.06.2012) puede verse en: https://vimeo.com/61516168

22 Centro Cultural España Córdoba (4 de noviembre de 2021): *No sabemos nada del tiempo. Una conversación con Esther Ferrer* [vídeo]. Youtube. https://www.youtube.com/watch?-v=zeI0nQ0iaGQ [consulta 8/4/2023].

comprender, incluso, que nos está hablando de sus propias performances, realizadas tantas veces. El mensaje es claro, tanto como lo es el medio. Es muy interesante ver lo que dice la propia partitura de la performance:

> Una performance que es una conferencia o una conferencia que es una performance, una teoría que deviene práctica o una práctica que deviene teoría. Lo real, lo imaginario, lo lógico, lo absurdo, lo evidente y lo menos evidente, una particular forma de hacer y de hablar. Algunos pensarán quizás que no dice nada, que dice demasiado, que dice lo suficiente, que no dice lo suficiente, que dice más de lo necesario. La realidad es que ella habla y hace, y eso es todo (Ferrer 2017b: 227).

Por otro lado, *Una acción con preguntas* (2000)[23] tiene como materia prima la voz de la artista y sus propias inquietudes vitales. La acción consiste en una larga serie de preguntas que la artista va leyendo en voz alta y que cuestionan cómo preferimos vivir o ser: ricos/pobres, blancos/verdes, santos/perversos, etc. Tras cada pregunta deja un tiempo de silencio para que quien quiera pueda responder de palabra o por escrito. Una vez finalizada la lectura se da paso al coloquio con los presentes. Otras veces, el condicionamiento que se pone es tratar de responder a esas preguntas (y a las que el público desee) en un minuto. En esta misma línea, es posible encontrar otras obras como *Preguntas feministas* (1994) donde cuestiona la situación de la mujer y de las artistas a través de preguntas que ella misma va respondiendo. Una variación de esta performance es ¿Por qué, *cómo, dónde y cuándo?* o *Preguntas Mujeres/Hombres o viceversa*, mientras que una variación y ampliación es *Preguntas y respuestas,* donde hay 30 preguntas escritas a las que la artista debe responder en un minuto, poniendo de nuevo de manifiesto la importancia del tiempo.

---

23   Esta obra fue hecha en el Museo de Bellas Artes de Bilbao en 2018. Es interesante como el propio museo la tiene catalogada como «conferencia»: Museo de Bellas Artes de Bilbao (29 de noviembre de 2016): *Conferencia #Obrainvitada Performance – Esther Ferrer* [vídeo]. YouTube. https://www.youtube.com/watch?v=ybl4qbwDa7I [consulta 8/4/2023].

Por su parte, la performance *Diálogo ininterrumpido* (2016), variación de una partitura de 1999[24], se basa en un juego de improvisación intelectual y lingüístico. La artista se propone hablar ininterrumpidamente sobre un tema establecido de antemano, pero sin preparación previa y sin un tiempo fijado, como también hace en *Hablar por andar o andar por hablar* (2011)[25]. Lo característico aquí es que no se trata de un monólogo de la artista sino de un diálogo. Lo difícil de la performance es establecer ese diálogo con los otros participantes y que estos vayan cogiendo la palabra al hilo del anterior sin interrupciones durante el tiempo que se estime oportuno. Esta obra expresa muy bien cómo nadie es un mero espectador en el mundo performático. No se trata de un espectáculo, sino de la propia vida concentrada. En palabras de la propia artista: «El espectador es tan performer como yo, incluso si decide marcharse, si llega a interrumpir la performance sin querer serlo. Forma parte de la acción, está en el interior» (1998: 39). Por último, nos referiremos a la performance *Les voy a contar mi vida* en la que una persona empieza a contar su vida, seguida de otra (a modo de canon, de nuevo), así hasta que todas cuentan su vida. Lo interesante de esta perfomance es que la gente puede hablar en el idioma que quieran, pero no fue hasta el 2014 cuando se incluyó la lengua de signos.

Para terminar, veamos qué ocurre en sus conferencias. Muchas veces, renegándose a explicar teóricamente lo que es la performance o cómo ella las hace, ha jugado con los planos, como ocurre en la conferencia de 2014, en Arteleku, titulada «Performance». En esta conferencia proyecta unos vídeos de algunas de sus obras, pero en seguida pide

---

24   La primera partitura establecía que hubiera cuatro mesas, una encima de otra con un agujero para que la persona sentada en la mesa pudiera sacar la cabeza por encima de la mesa. Una de las personas dice una frase y la siguiente tiene que decir otra, a raíz de la última palabra de la persona anterior. No obstante, también pude hacer con las personas sentadas en una silla.

25   AmokAudiovisual (27 de noviembre de 2012): *Hablar por andar o andar por hablar* [vídeo]. YouTube. https://www.youtube.com/watch?v=4fUhTLoGvHw [consulta 8/4/2023].

que le interrumpan[26]. Sin embargo, Esther Ferrer nunca explica lo que es la performance, ni siquiera cuando dirige talleres a gente que desea hacer performance. En estos casos, ella les ayuda a ser conscientes de sus acciones, de su cuerpo, de su vida. Así, les deja libertad para que se inventen nuevas maneras de hacer performances, tal como hizo ella en su día y como sigue intentando hacer.

En 2016 es posible encontrar una conferencia muy especial para alumnos de Bellas Artes de la Universidad del País Vasco[27], donde relata muchos eventos de su vida y de su obra. También cabe destacar la conferencia performática impartida en 2017 en el CICUS de la Universidad de Sevilla[28] en la que cuenta la historia de ZAJ por medio de continuos juegos lingüísticos, narrativos y poéticos. En ella también es posible ver cómo la artista se levanta y se va varias ocasiones; se calla si es que habla del silencio, grita si es que habla de gritos, hace sonar un pasodoble español al hablar de España o rellena un vaso, desbordándolo hasta vaciar la botella, como metáfora de lo que era ZAJ.

En los últimos años, debido a las múltiples exposiciones que ha tenido, contamos con muchas conferencias suyas (Museo Guggenheim de Bilbao[29], Museo Reina Sofía 2019[30]). Por último, merece la pena destacar no solo el diálogo de Ferrer en los Encuentros de Pamplona 1972/2022,

---

26   Ferrer, Esther (17 de diciembre de 2014): *Conferencia / Esther Ferrer* [vídeo]. Arteleku. http://2013.arteleku.net/es/conferencia-esther-ferrer.html (consulta 8/4/2023).

27   Es posible escucharla en: AIF arteinvestigaciónyfeminismos (12 de noviembre de 2018): *Esther Ferrer. Proyecto Archivo 2016* [vídeo]. YouTube. https://www.youtube.com/watch?v=qhRuzYOrwi0 (consulta 8/4/2023).

28   Es posible escucharla en: Universidad de Sevilla (16 de junio de 2017): *Esther Ferrer, una performance histórica en el CICUS Universidad de Sevilla* [vídeo]. YouTube. https://www.youtube.com/watch?v=MCel3NH31s4 (consulta 8/4/2023).

29   Museo Guggenheim de Bilbao (16 de marzo de 2018): *Conferencia_Esther Ferrer_Museo Guggenheim Bilbao* [vídeo]. YouTube. https://www.youtube.com/watch?v=5SmaZZ1Q-8TI (consulta 8/4/2023).

30   Conversación entre Esther Ferrer y Rosario Peiró, Responsable de Colección en el Museo Reina Sofía: Museo Nacional del Prado (11 de diciembre de 2019): *Diálogo "Conversaciones de creadoras": Esther Ferrer y Rosario Peiró* [vídeo]. YouTube. https://www.youtube.com/watch?v=eQAhotXYXd4 (consulta 8/4/2023).

sino también el singular paseo nocturno que siguió por la calle Descalzos de la capital navarra. Este paseo se puede describir como una conferencia performativa, ya que la artista, acompañada de Óskar Alegría, su equipo y aquellos que decidieron unirse, recreaban una perforan realizada en París años atrás. La recreación fue posible también gracias a la proyección en las paredes de los edificios de las imágenes de antaño. En un juego de espejos, Ferrer recreaba una acción nueva, al mismo tiempo que mostraba una performance del pasado en la que hacía exactamente lo mismo que estaba haciendo en ese momento: caminar en compañía de los espectadores, ahora co-autores de la obra. La diferencia y la novedad de esta última es que no solo fue un paseo sino un diálogo real con esa acción pasada, así como con los asistentes.

La gran diferencia aquí es que no se trata de performers, sino de público, no es una artista realizando una acción, sino Esther Ferrer hablando. En ellas encontramos los mismos elementos que en tantas obras aludidas: los gestos, los sonidos, las personas, son los mismos y, sin embargo, todo es distinto. Muchos artistas han conseguido poner en cuestión las fronteras entre arte y vida dentro del terreno artístico. Muy pocos, como es el caso de Esther Ferrer, han conseguido hacerlo también dentro de la propia vida.

Referencias

Adán, Sheila y Laura Pascual (2020): «Arte de performances en España a través de la figura de Esther Ferrer», *Interartive, a plattform for contemporary art and thought*. Disponible en: https://interartive.org/2020/08/performance-esther-ferrer-zaj#_ftnref [consulta: 6/4/2023]

Aizpuru, Margarita, Gloria Collado, Helga De La Motte-Haber (1998): *Esther Ferrer: de la acción al objeto y viceversa* [catálogo]. Guipuzkoa: Diputación Foral de Gipuzkoa, 1997.

Alonso, Roberto (2016): «ZAJ and Futurism: from Henri Bergson to Tomás Marco», *Hispanic Research Journal. Iberian and Latin American Studies*, 17, 2, pp. 141-151. Disponible en: http://dx.doi.org/10.1080/14682737.2016.1140508 [consulta: 6/4/2023]

Álvarez-Fernández, Miguel (2021): *La radio ante el micrófono: voz, erotismo y sociedad de masas*. Bilbao: Consonni.

Artaud, Antonin (1993): *El teatro y su doble*. París: Gallimard.

Barber, Llorenç (1996): «Acercamientos varios al fenómeno ZAJ desde el mundo musical» en *zaj*. Madrid: Museo Nacional Centro de Arte Reina Sofía.

Barber, Llorenc (2019): *zaj. Historia y valoración crítica*. Murcia: Centro de Documentación y Estudios Avanzados de Arte Contemporáneo CENDEAC.

Cage, John (1994): «Overpopulation and Art», *John Cage. Composed in America*. Chicago: University of Chicago Press. Disponible en: https://archive.org/details/AM_1992_01_28 [consulta: 6/4/2023]

Cascales, Raquel (2022), «La performance es vida y, si no, no es nada. Entrevista a Esther Ferrer», *Arte, individuo y Sociedad*, 34, 3, 1249-1255.

Davini, Silvia (2007): *Cartografías de la voz en el teatro contemporáneo. El caso de Buenos Aires a fines del siglo xx*. Argentina: Universidad Nacional de Quilmes.

Delgado, Itxaro (2008): «Estrategias sonoras y musicales en la obra de Esther Ferrer. Introducción a Elementos y Estructuras Sonoras», *Ondare*, 26, 401-415.

Diego, Isaac (2018): «Arte y Vida en Disolución: Aproximación a la Obra de Llorenç Barber», *Barcelona, Research, Art, Creation*, 6, 3, 296-321. DOI: https://doi: 10.17583/brac.2018.2695

Diego, Isaac (2020): «Spoken Music in the Field of Spanish Experimental Music», *Contemporary Music Review*, 39, 3, 322-331. DOI: https://doi.org/10.1080/07494467.2020.1821523

Fernández González, Dailey (2024): "El fenómeno de la participación como problema social y estético en el ámbito iberoamericano. Estudio de casos de la Comunidad Foral de Navarra". Tesis doctoral. Pamplona: Universidad de Navarra.

Ferrer, Esther (1998): *Esther Ferrer: De la acción al objeto y viceversa.* Sevilla: Centro Andaluz de Arte Contemporáneo.

Ferrer, Esther (2017a): *Performance y utopía.* Murcia: CENDEAC.

Ferrer, Esther (2017b): *Todas las variaciones son válidas, incluida esta.* Madrid: Museo Nacional Centro de Arte Reina Sofía.

Ferrer, Esther (2018): *Espacios Entrelazados* [catálogo]. Bilbao: Museo Guggenheim Bilbao.

Ferrer, Esther y Paulhan, Camille (2021): *Ferrer, Esther. Entretien avec Camille Paulhan.* París: Manuella Éditions/AWARE.

Jarque, Fietta (3 de agosto de 2009): Un cementerio de obras inmortales, *El País*. Disponible en: https://elpais.com/diario/2009/08/03/revistaverano/1249250407_850215.html [consulta: 20/2/2024]

Johnson, Tom (1989): *The Voice of New Music. New York City 1972-1982. A collection of Articles originally published in The Village Voice.* Eindhoven: Apollohuis.

Johnson, Tom (2011): «Repetición, repetición y repetición. Reflexiones sobre el trabajo de Esther Ferrer» en *Esther Ferrer. En cuatro movimientos.* Vitoria-Gasteiz: Fundación ARTIUM de Álava / Sociedad Estatal de Acción Cultural.

Jones, Dafydd (2019): *The Fictions of Arthur Cravan. Poetry, Boxing and Revolution.* Manchester: Manchester University Press.

Kramer, Lawerence (2012): *Expression and Truth: The Music of Knowledge.* Berkeley: University of California Press.

Luna, Diego (2016): «El potencial político del gesto: Una introducción a ZAJ a través de sus propuestas», *Essais*, 9, 48-63. DOI: https://doi.org/10.4000/essais.4387

Montijano, Marc (2020): «Un juego entre la ficción y la realidad. Aproximación al arte de acción. El lugar del espectador en la performance y la responsabilidad del artista», *Antropología experimental*, 20, 31, 419-427. DOI: https://doi.org/10.17561/rae.v20.31

Nieto, Coral (2022): «Voz, tiempo y espacio. La presencia del elemento sonoro y su inscripción en la obra de la artista Esther Ferrer», *Enclaves. Revista de Literatura, Música y Artes Escénicas*, 2, 125-137. DOI: https://dx.doi.org/10.12795/enclaves.2022.i02.09

Noheda, Carmen (2022): «Resonancias Zaj: Esther Ferrer, sonar a placer», *Enclaves. Revista de Literatura, Música y Artes Escénicas*, 2, 2022, 113-124. DOI: https://dx.doi.org/10.12795/enclaves.2022.i02.08

Olivares, Rosa (2011): «La artista como obra de arte», en *Esther Ferrer. En cuatro movimientos*. Vitoria-Gasteiz: Fundación ARTIUM de Álava / Sociedad Estatal de Acción Cultural.

Onandia, Mikel (2016): «La escuela experimental de Elorrio. Un proyecto pedagógico frustrado. Esther Ferrer, Jorge Oteiza y José Antonio Sistiaga. (1964-1965)» en *Astola. Durangaldeko Urtekaria*, 10, 118-133.

Pardo, Carmen (2016): «Sound Art» en J. Iges y J. L. Maire (Ed.), *Escuchar con los ojos. Arte sonoro en España, 1961-2016* (pp. 47-48). Madrid: Fundación Juan March.

Pérez, David, (2011): «El tiempo que no(s) sucede» en *Esther Ferrer. En cuatro movimientos*. Vitoria-Gasteiz: Fundación ARTIUM de Álava / Sociedad Estatal de Acción Cultural.

Rodríguez, Rosa María (2010): «La creación Zaj de Ramón Barce formulada desde la Memoria», *Itamar. Revista de investigación musical: territorios para el arte*, 3, 208-235.

Rozas, Ixiar (2022): *Sonar la voz. 9 ensayos y 9 partituras*. Bilbao: Consonni.

Sarmiento, José Antonio (2007): *Zaj. Concierto de teatro musical*. Lucena: Ayuntamiento de Lucena.

Sarmiento, José Antonio, Daniel Charles, José Díaz Cuyás, Llorenç Barber (1996): *ZAJ*. Madrid: Museo Nacional Centro de Arte Reina Sofía.

Stein, Gertrude (1998): *Writings. 1903-1932*. Nueva York: The Library of America.

Tarvainen, Anne (2019), «Music, Sound, and Voice in Somaesthetics: Overview of the Literature», *The Journal of Somaesthetics*, 5, 2, 8-23.

Van Leeuwen, Theo (2010): «Vox Humana: The Instrumental Representation of the Human Voice» en Norie Nuemark, Ross Gibson y Theo Van Leeuwen (eds.), *Voice. Vocal Aesthetics in Digital Arts and Media*. Cambridge: The MIT Press, 5-16.

Web personal de Esther Ferrer. http://estherferrer.fr/es/

Zubiaur, Francisco Javier (2004): «Los Encuentros de Pamplona 1972 Contribución del Grupo Alea y la Familia Huarte a un acontecimiento», *Anales de Historia del Arte*, 14, 251-268. Disponible en: https://revistas.ucm.es/index.php/ANHA/article/view/ANHA0404110251A [consulta: 6/4/2023]

WENDY CARLOS (1939)

Switched-on Wendy Carlos

MIGUEL SALMERÓN INFANTE
Universidad Autónoma de Madrid

> For every parameter that you can
> control, you must control.
> (Wendy Carlos)

1. Un misterio

La obra de los innovadores es la que a la larga pasa más inadvertida. La costumbre de escucha de música por sintetizadores está hoy tan extendida que nos hace imperceptible la revolución que supuso su empleo. Este propició un paso decisivo: la música no solo fue reproducida o amplificada por la electricidad, sino también producida por esta.

Hubo pioneros anteriores a ella, sin embargo, Wendy Carlos, sirviéndose de un mini-Moog, se erigió en impulsora decisiva de la música electrónica. 1968 fue un año memorable[1]. Numerosos eventos se

---

[1] Muchos eventos memorables se sucedieron: los asesinatos de Martin Luther King y Robert Kennedy, los estrenos cinematográficos de *El planeta de los simios, 2001: una Odisea del espacio y Funny Girl*, el estreno del musical *Hair* o la publicación del *Álbum blanco de The Beatles*, entre otros hitos.

unieron a la grabación y publicación de *Switched-on Bach*. Un disco que, sorpresivamente, se convirtió en un éxito de ventas y abrió de par en par dos puertas. La del gran público al Mini-Moog, y la del Mini-Moog al ámbito de la música académica o seria.

En 1968, todo el mundo quería saber sobre el compositor Walter Carlos. Pero aparte de unas pocas entrevistas de formato más o menos promocional en torno al disco, nadie daba con su paradero. Poco después de su resonante éxito, se publicaba una nueva grabación, la banda sonora de *A Clockwork Orange* (1971), sin embargo, la persona creadora de esa música seguía siendo mayormente desconocida.

Al final de la década de los setenta, la revista *Playboy* entrevista a una mujer llamada Wendy Carlos (Bell 1979). Allí, quien fuera Walter declara que a finales de los sesenta (momento de la eclosión de su música) estaba completando su reasignación genérica, su paso de hombre a mujer. Paso que, en aquel entonces, quiso ocultar para protegerse y proteger su carrera[2].

Wendy Carlos ha mantenido a lo largo de su vida una relación singular con su obra. Ha retirado versiones del mercado, incluso ha borrado copias, creando controversias con oyentes y usuarios. De hecho, a partir de 2009, Carlos apartó del mercado la mayoría de sus grabaciones: ni *Clockwork Orange*, ni *Beauty in the Beast*, ni siquiera *Switched-on Bach* son fácilmente accesibles. Sin embargo, ella ha explicado que su actitud distante y aparentemente desapegada frente a su música[3] se debe a la estricta aplicación de lo que llamó su primera regla o regla maestra: «Cada parámetro que puedas controlar lo debes controlar» (Diliberto 1984: 12).

---

2   *Prima facie* podría pensarse que Wendy Carlos fue revolucionaria en dos sentidos: por el impulso a la música electrónica y su reasignación de género. Sin embargo, es difícil encontrar alguien más alejado de un perfil activista y revolucionario. Su tragedia y paradoja fue que con sus tímidas apariciones públicas pretendía hablar de música, pero los *mass-media* se interesaron por la cuestión de género, algo que ella siempre valoró como estrictamente personal.

3   Más propiamente, respecto a la difusión de su música.

2. Orígenes y años de aprendizaje

Carlos tuvo una infancia notablemente llena de privaciones. Su padre trabajaba en una fábrica textil ruidosa y sucia. Sin embargo, la familia de su madre era muy musical. Todos sus miembros o cantaban o sabían tocar un instrumento. Wendy aprendió a tocar el piano y el órgano. Sus avances, y especialmente sus reticencias y omisiones eran severamente seguidos, premiados y, en su caso, castigados por sus padres. Desde el punto de vista formal en sus estudios de música le interesaron especialmente el fenómeno del timbre[4], así como las técnicas de afinación y contrapunto.

Las privaciones que sufrió también contribuyeron a desarrollar la capacidad de servirse de bibliotecas para suplir aquello que no podía encontrar en casa y a impulsar el uso abundante de recursos técnicos. Así, no tardó en construirse un pequeño laboratorio sonoro desde el que comenzó su periplo electrónico. Tal como reveló años después su relación con la música electrónica tuvo algo de compulsivo «I didn't decide, it chased me» (No lo decidí, me persiguió) (Reed 1985).

Aunque muy tempranamente se sintió mujer, quiso ocultar su identidad ante sus padres, pues en los años cuarenta y cincuenta lo transgénero estaba patologizado. Por eso intentó enmascararse con la práctica de deportes cuando, en realidad, lo que le importaba era el arte y la música.

Si en el instituto se mostró como estudiante solvente interesada en las ciencias, su paso por la Universidad de Brown, para graduarse en Físicas, resultó una dura prueba. En este trance fue decisiva la ayuda del Catedrático de Música Arlan Coolidge, quien diseñó para Carlos un currículo especial en Física y Música. Ese logro le sirvió de acicate para aspirar a un grado en Música Electrónica en la

---

4   Tal vez el timbre es el aspecto sonoro más fascinante para Wendy Carlos y para sus oyentes. Ella quiso meterse dentro del sonido cuando compone. Al igual que Stockhausen, ella compuso el sonido en sí mismo, a menudo transformándolo en una rica «Klangfarbenmelodie» (una melodía de timbres cambiantes).

MIGUEL SALMERÓN INFANTE

Universidad de Columbia de Nueva York[5].
Desde 1951 en esta Universidad, Vladimir Ussachetvski venía
produciendo música electrónica. Cuando Carlos ingresa en la institución como estudiante, estaba en boga Milton Babbit que desarro-
llaba este tipo de música mediante el dispositivo Mark II (hoy objeto
de museo). Este sintetizador de tamaño gigantesco producía sonidos
mediante tarjetas perforadas. La «composición», sí así podríamos lla-
marla, era profundamente tediosa, Babbit afirmaba que necesitaba un
día para producir un minuto de música (Sewell 2020: 21). Sírvanos la
experiencia de Babbit para constatar que por aquel tiempo el sintetizador analógico estaba lejos de ser un instrumento intuitivo y podía ser
definido tal y como lo hace Kheshti como un animal eléctrico salvaje
(Keshti 2019: 2). Hicieron falta domadores de categoría para conducir-
lo a una aceptable domesticación y en esa tarea tuvieron un papel muy
relevante Robert Moog y Wendy Carlos.

En Columbia no enseñaron a Carlos a componer, sino a dotarla
de las herramientas adecuadas para hacerlo: orquestación, producción
de sonido y contrapunto. Y la capacidad de aunar el empleo de los medios a la investigación sonora se convirtió, partiendo de su nicho for-
mativo, en el santo y seña de la compositora (Simoni 2017: 275).

Carlos inició su trabajo de creación musical con la ópera *Noah*[6].
Ese y otros trabajos[7] le hicieron reflexionar sobre las dificultades que el
público tenía para asimilar la música electrónica, ya que no sabía dónde enfocar la atención. De ahí que, para hacerla más asimilable, Carlos
compusiera siempre obras con acompañamiento de instrumentos en

---

5   Sus primeros gustos musicales que la impactaron profundamente y sobre los que qui-
     so desarrollar las habilidades que luego adquirió en la música electrónica fueron éxitos
     pop algo anticuados, la tradición pianística europea de Liszt y Chopin, el contrapunto
     bachiano y la obra de Pierre Henry, *The Veil of Orpheus* (1954).

6   De dos horas de duración, algo con los medios de aquel tiempo sorprendente en el ámbi-
     to de la música electrónica.

7   También destacó *Variaciones para flauta y sonido electrónico (1964)* que fue escrita para
     *flautista acompañado de cinta magnética. El trabajo consistió en un conjunto estrictamente
     organizado de seis variaciones sobre un tema de once compases establecido al principio por la
     flauta.*

vivo. Tras graduarse, se dedicó a la composición de jingles publicitarios. Este trabajo, bien pagado, le sirvió para ir mejorando paulatinamente su laboratorio de sonido. Y en esta mejora tuvo un papel preeminente el conocimiento del ingeniero de sonido Robert Moog. Este la admiraba «siempre que nos visitaba venía con un montón de ideas»[8]. Carlos instó a Moog a construir un sintetizador de un tamaño mucho menor que el Mark II, y que lograra una notable versatilidad en el control del sonido[9]. Además, Wendy (por aquel entonces todavía Walter) insistió a Bob Moog en la necesidad de la fabricación de un teclado electrónico sensible a la intensidad de pulsación[10]. De hecho, durante la década de los sesenta Moog atendió cumplidamente las necesidades y demandas de lutería de Wendy[11].

La colaboración de Bob y Wendy se siguió desarrollando en la publicación *Electronic Musical Review*, dirigida por el primero y de corta vida. Carlos escribió en ella dos artículos y varias reseñas[12].

Entre 1967 y 1968 Carlos empezó a experimentar tendencias suicidas de las que solo la sustraía el trabajo. De alguna manera, a más trabajo menos pensamientos de autolisis (Sewell 2020: 35). Todo cambió cuando llegó a sus manos el libro de Harry Benjamin *The Transexual Phenomenon*. Esta lectura le ayudó a comprender que sus problemas psicológicos estaban íntimamente relacionados con su disforia de género. A partir de esta evidencia se puso bajo tratamiento del Doctor Benjamin[13], que le prescribió la toma de hormonas.

---

8   De una entrevista de Thom Holmes con Robert Moog fechada el 4 de marzo de 2001 (citado en Holmes 2016: 217)

9   Mediante el VCO (el oscilador por control de voltaje), el VCA (el amplificador por control de voltaje) y VCF (el filtro por control de voltaje).

10   En definitiva, construir un pianoforte electrónico.

11   Ella ya era una avezada conocedora de los medios electrónicos, contaba con una grabadora de ocho pistas, la de cuatro pistas ya había sido utilizado por The Beatles en 1967.

12   Una muy desfavorable del disco de Morton Subotnik, *Silver Apples of the Moon, donde se manifiesta el desdén de Carlos por la ubicación de la música electrónica en lo fantasioso, fabuloso y esotérico preconizada por ciertos compositores.*

13   Que, en un panorama dominante en el que lo transgénero era considerado un fenómeno

3. Una forzosa apuesta por el éxito

Fue precisamente, la necesidad de ingresos que le permitieran seguir su tratamiento y a la vez mejorar su laboratorio de sonido lo que llevó a Wendy a la realización de arreglos de música pop y a la grabación de su célebre álbum *Switched-on Bach*.

Esta fue una labor titánica, pues el sintetizador de Moog «era un instrumento monofónico. Tocar a la vez dos notas para construir el más simple de los acordes requería de una grabación multipista, una sincronización y timing impecables» (Holmes 2016: 218), pero no solo superó las limitaciones del instrumento, sino que aprovechó estas para acercarse más íntimamente a Bach. Concretamente, como veremos acto seguido, a su contrapunto. Además, si hizo de una necesidad virtud con el sintetizador de Moog, también optimizó su peculiar personalidad para ponerla al servicio de su obra. Sin duda puede caer sobre Wendy Carlos el sambenito de la misantropía por su muy reducida relación con otros seres humanos, pero no puede negarse que cuando sus barreras cayeron lo hicieron, sí, de forma selectiva, pero a su vez de un modo incontestable. Este es el caso de su relación profesional y personal con Rachel Elkind. Su colaboración en el álbum de Bach fue de la mano de dos intuiciones clarividentes. En primer lugar, las limitaciones de un sintetizador Moog eran un activo en el caso de Bach, pues no poder grabar más que una línea melódica o voz cada vez, permitía que cuando se producía la mezcla definitiva, el contrapunto, principal característica de la producción bachiana, quedara realizado[14]. En segundo lugar, a pesar de las reticencias de Carlos a grabar un álbum entero con música de un compositor diferente y de los deseos que tenía de grabar su propia música, Elkind afirmaba que trabajar sobre un compositor tan prestigioso serviría para que el público se tomara en serio la música

patológico y tratado con hipnosis, electroshock e incluso lobotomía, desarrolló una teoría de lo transexual acompañada paralelamente de terapias de reasignación de género.

14 En general, Carlos llegó a un nivel mucho más alto en el uso del sintetizador Moog que aquel al que llegara su propio creador.

electrónica y no como un amenazante producto vanguardista[15].

Carlos quería adoptar frente a Bach la postura de Ravel frente a los *Cuadros de una exposición* de Mussorgsky. El ruso había hecho una composición para piano, que Ravel había convertido respetuosamente en una pieza orquestal. Esa fidelidad a la pieza que a su vez había ido de la mano de desviarse de ella lo necesario le parecía digna de admiración (Milano 1979: 339). La grabación fue agotadora, según afirmó hubo de emplear ocho horas al día durante cinco meses para completarla. Le resultó especialmente difícil imitar las calidades sonoras de los instrumentos, por ejemplo, el contraste entre la sonoridad evanescente del clave frente a la persistencia del órgano (Sewel 2020: 46). Cada nota fue grabada una a una y cada pista reproducía con un tempo determinado la voz correspondiente (Kozinn 1980: 22). Después todas las voces habían de ser regrabadas conjuntamente para dar lugar al producto final con las voces unidas y sincronizadas debidamente entre sí. A tal efecto se servía de un monitor Sel-Synching (Holmes 2016: 54). En este había un pequeño margen de error ocultable por la estructura contrapuntística de la música. Algo que sin embargo era mucho más difícil de disimular por las limitaciones del sintetizador Moog[16]. La maestría de Carlos consistió en superar esta precariedad, mediante la traducción de los rudimentos técnicos que entonces tenía el audio a colores sonoros que fueran legibles a la escucha (Kheshti 2019: 56).

El negociado del disco con Columbia Records corrió a cargo de Elkind. La CBS aceptó la publicación de este álbum porque pudo ser integrado en un proyecto llamado *Bach to rock*, que dio lugar a trabajos como *Baroque Beatles Book*, y que se inscribía en la ola favorable al músico de Eisenach, impulsada por las interpretaciones de Glenn Gould (Sewell 2020: 51). La crítica se mostró en general

---

15   Esta posición de Elkind fue expuesta en una entrevista no publicada que le hizo Trevor Pinch. Entrevista de la que se hace eco Amanda Sewell (2020: 45).

16   El teclado electrónico sensible a la intensidad de pulsación hubo de esperar hasta finales de los setenta.

favorable con el trabajo, que además obtuvo el respaldo de insignes figuras como Solti y Bernstein. Sin embargo, *Switched-on Bach* chocó con la corriente musicológica que abogaba por una interpretación bachiana en términos históricos. Así Harold Schonberg indicaba que el trabajo de Carlos era una buena demostración de lo que se podía hacer con un Moog, pero un acercamiento muy pobre al estilo de Bach (Schonberg 1979: 17). Ahí de nuevo, el tándem Elkind-Carlos contó con el apoyo de un intérprete bachiano, Benjamin Folkman, que puso de relieve tanto las limpiezas de las líneas de contrapunto del álbum, como la capacidad para reproducir matices en otros casos (Milano 1979: 36).

De alguna manera el álbum estaba imbuido de un impulso que guiaba a Carlos desde su época en Columbia: «Traté de evitar la obsesión gratuita por la mera disonancia [...] Intenté hacer música que no fuera horrible» (Carlos en Holmes 2016: 218)[17].

La enorme relevancia de *Switched-on Bach* se aprecia perfectamente en estas palabras de Robert Moog.

> Para apreciar la relevancia histórica de *Switched-on Bach*, hay que recordar que en 1968 la mayoría de la gente pensaba que la música electrónica era una propuesta vanguardista que tenía una conexión débil con los valores tradicionales de la música. Los músicos comerciales tenían el sentimiento de que al medio electrónico en general y a los sintetizadores en particular no les correspondía ningún lugar en la producción de música de alta calidad o amplio atractivo. Sin embargo, Wendy supo mejor que nadie que esto no era así [...] Mucha más gente de todo el mundo supo de la música electrónica y del sintetizador gracias a *Switched-on Bach* que a cualquier otra propuesta. (en Khesthi 2019: 9)[18]

---

17   De una entrevista de Thom Holmes a Wendy Carlos fechada el 8 de agosto de 2001.

18   Fuente original: Moog, Robert (1999): «Liner notes to Book One» en Wendy Carlos, *Switched-on Boxed Set*. Minneapolis: East Side Digital, 3.

El éxito del álbum desbordó a su autora. En pleno itinerario de reasignación de género, limitó hasta la mínima expresión sus apariciones en público. En buena medida tuvo razón. De haber revelado sus procesos de identidad, el impacto del disco le habría obligado a convertirse en altavoz del movimiento LGTBI[19]. Ese perfil activista no cuadraba en absoluto con la personalidad retraída de la artista. En todo caso, contó con la protección de Elkind, su auténtica manager y coach durante aquella época. Según Carlos un tiempo «terrible y maravilloso» (Milano 1979: 68).

El impacto del álbum de Bach fue rotundo, obtuvo tres Grammy y supuso un estímulo inmenso para las grabaciones Moog[20]. Frente a la posición de Carlos, que quería llevar a cabo sus propias grabaciones, tanto CBS como Elkind quisieron aprovechar la vena barroca y electrónica y propiciaron la grabación en 1969 de *The well-tempered synthesizer* (donde, aparte de Bach fueron electrónicamente procesados Scarlatti y Monteverdi). Más allá de que, aunque el álbum fuera nominado, no obtuviera Premios Grammy, Elkind reconoció que este trabajo fue la consecuencia del desenfoque de la recepción de *Switched-on Bach*, que no pretendió ser un éxito de ventas[21], sino música experimental (Sewell 2020: 72).

---

19 Movimiento que, a decir verdad, no existía como tal por aquel tiempo ni en EE. UU. ni en occidente.

20 Algo que no siempre tuvo consecuencias positivas para Elkind y Carlos, pues por ejemplo dio lugar a la grabación de dos versiones electrónicas de *Cuadros para una exposición* de Mussorgsky (las de Keith Palmer e Isao Tobita) lo que frustró el proyecto que tenían de hacer su propia versión.

21 El éxito de *Switched-on Bach* ocultó las dificultades encontradas por Carlos para elaborar el producto terminado. El sintetizador modular Moog no era un instrumento fácil de manejar. Usarlo requería algunos conocimientos fundamentales de la física de ondas y de la forma en el que se comportaban los componentes controlados por voltaje. Aunque Carlos fue considerada con justicia una virtuosa de este instrumento, el sintetizador modular Moog fue no estaba diseñado para presentaciones en vivo y en tiempo real. Fue concebido como una herramienta de estudio de música electrónica.

4. La polémica de la música electrónica

La renuencia de Carlos a inmiscuirse en su promoción artística hizo que rehusara verse con Stevie Wonder, quien estaba muy interesado en su música. Sin embargo, la insistencia de Stanley Kubrick sí que obtuvo resultados. Es muy conocida la importancia que tiene la música en sus producciones cinematográficas. Había sido especialmente brillante la selección de música preexistente (*El Danubio azul, Así habló Zaratustra* o *Atmosphéres*) para *2001, una Odisea espacial*. Fascinado por los álbumes barrocos, Kubrick contrató a Carlos y a Elkind para *A clockwork Orange* (*La naranja mecánica*). Los dos primeros productos de la factoría fueron *Timesteps*, composición original de Carlos y el procesamiento de la Novena de Beethoven. Aquí merece la pena mencionar el papel desempeñado por el codificador de voz o vocoder[22]. Este procesador de sonido era capaz de unir dos fuentes sonoras y hacer que una de ellas adquiriera las características de la otra[23]. Este efecto se manifiesta en el canto sintetizado de Rachel Elkind de la *Oda a la alegría* de Schiller en el cuarto movimiento de la *Novena*[24]. Kubrick se sintió tan cautivado que le pidió a Carlos hiciera versiones electrónicas de las oberturas rossinianas de *Guillermo Tell* y *La gazza ladra*, así como del *Funeral para la Reina María* de Purcell[25].

Sonic Seasonings (1972) convenció tanto a su autora y a su productora, respectivamente Carlos y Elkind, como a la crítica. Esta valoró

---

22   Magistralmente utilizado en la canción de Lennon y McCartney *I want you (She´s so heavy)*.

23   El vocoder se desarrolló en los años 30 y muy especialmente en la Segunda Guerra Mundial para encriptar voces.

24   En este sentido es muy significativo que Carlos y Elkind utilizaran el vocoder como música de fondo de las escenas de guerra que ve Alex en *A Clockwork Orange*, concretamente *las del Parteitag de los nacionalsocialistas en Núremberg y del bombardeo aliado de Dresde.*

25   No exento de desconsideración, Kubrick seleccionó y suprimió lo que consideró oportuno de la música de Carlos. Ello tuvo como consecuencia que se publicaran dos álbumes diferentes de *A Clockwork Orange*. Uno propiamente de la película, otro llamado *Walter Carlos's A Clockwork Orange*.

la originalidad de la propuesta en la que se llevaban a cabo procesamientos sintetizados de los sonidos de la naturaleza, sin recurrir a la mera grabación o al recurso convencional a bibliotecas sonoras[26].

Y es que la música electrónica no es mera reproducción o mímesis iterativa de la música acústica o «real». Si se reconociera eso, se estaría valorando esa relación bajo unos parámetros simplistas. Los mismos bajo los que se valora la fotografía como un sucedáneo repetitivo de la pintura, cuando en realidad una y otra son modos diferentes de afrontar la realidad. Como bien dice Elkind: «Seguíamos un vocabulario por el que los sonidos del sintetizador podían ser análogos a los sonidos que habían pertenecido al lenguaje estándar de la orquesta, pero en los propios términos del sintetizador»[27].

Switched-on Bach II (1973) fue tomado por Carlos como un encargo de la CBS a título de inventario. Le entusiasmó bastante más el trabajo en *By Request* (1975), donde además del consabido Bach, amplió el uso del Moog más allá del barroco con Tchaikowsky y Wagner, y lo aplicó incluso a la música de Bacharach y Lennon y McCartney[28]. Sin embargo, lo que más le agradó fue la realización de *Pompous Circumstances*, fantasía de quince partes que aparecía en la cara B del disco. La famosa melodía de Elgar era presentada bajo el estilo de otros autores diferentes[29].

Switched-on Brandenburg (1980), álbum en el que Carlos grabó con sintetizador los seis *Conciertos de Brandenburgo* de Bach, supuso un punto de inflexión en su carrera. Llevó consigo, aparte de fatiga, lucidez. Probablemente se trataba de un disco interesante para quien quisiera escuchar música del siglo XVIII con un Moog, pero que aportaba

---

26   El disco pretendía mostrar sonoramente todas las estaciones y en el tránsito de una estación a otra se intercalaba el recitado de poemas.

27   Elkind, Rachel (1999): *Liner notes to Switched-on Boxed Set, Book Two*, Minneapolis: East Side Digital, p. 38 (en Khesthi 2019: 37)

28   Hizo versiones electrónicas de *What´s new, Pussycat?* y *Eleanor Rigby*.

29   Mussorgsky (*Pomp and pictures*), Scott Joplin (*Pomp Rag*), Rossini (*Pomp of Seville* y *Pomp and William Tell*), Bach (*Brandenpomp*), Sousa (*Hail to the Pomp*). Todo acababa con el homenaje a Richard Strauss *Pompasthustra*).

poco a quien quisiera comprobar qué más se le podía pedir a un Moog. Este artefacto se había convertido en «lingua franca» de la música electrónica[30] y, en ese contexto, la propuesta sonora de Carlos había perdido frescura.

Por otra parte, Carlos había mantenido a lo largo de la década de los setenta una postura muy polémica respecto a la evolución de la música electrónica. Aparte de la revista dirigida por Bob Moog *Electronic Music Review*, desdeñaba de otras publicaciones. Denunciaba en ellas la errónea valoración que hacían de la música electrónica como esotérica y excéntrica. De hecho, ese malentendido le dolía especialmente a Carlos, pues afectaba muy sensiblemente a la recepción de su música. Schoonhoven percibe una notable diferencia entre cómo ella y sus críticos interpretaban sus novedosos sonidos.

> Las categorías metafóricas de Carlos se enfocan en las cualidades físicas de sus sonidos y describen los timbres en relación con las experiencias humanas, es decir, con la música y la vida [...] La naturaleza, el movimiento y la apariencia son metáforas materiales y tangibles que relacionan los timbres musicales con las experiencias sonoras de los oyentes. (Schoonhoven 2017: 25)

Sin embargo, los críticos de música profesionales han puesto mucho más el acento en el aspecto maquinal y por así decirlo *cyborg* de su música (Schoonhoven 2017: 20).

También en sus artículos de *Electronic Music Review* Carlos manifestaba su aversión y reprobaba la conexión implícita entre ciertos autores y los fabricantes de instrumentos de música electrónica. Pero lo peor para ella era cómo estas revistas transmitían subrepticiamente la idea de que la música electrónica se llevaba a cabo por procesos mecánicos donde el esfuerzo del ser humano tenía poco que hacer o decir. Bien sabía ella las fatigas que le habían costado sus álbumes

---

30   Era el tiempo de la eclosión del rock progresivo o sinfónico.

«decídselo[31]: ninguno de los hardware existentes hace el trabajo» (Carlos 1971: 330).

Otro problema recurrente era el de la promoción de su música. Carlos había llegado a la encrucijada. Abandonando la ocultación de su género podría promocionar su producción, pero correría los riesgos de ese desvelamiento[32]. Si, por otra parte, permaneciendo en su zona de confort, mantenía en privado su «secreto», subsistiría el hiato entre artista y música.

5. La entrevista en *Playboy* de 1979 y los nuevos experimentos sonoros

En 1979 todo cambió con la entrevista para *Playboy*. El conductor de esta fue el periodista Arthur Bell, gay y activista. Bell recuerda que en la primera toma de contacto Carlos y Elkind le hicieron muchas más preguntas que él a ellas. De alguna manera, estaban ambas querían tener garantías de estar poniéndose en manos de alguien fiable para el trascendente paso que iba a dar Wendy: mostrar quién era realmente. En todo caso, se trataba de un cambio muy importante. Hasta ahora, todas las personas transgénero que habían revelado su cambio se habían convertido en celebridades después de su transición y a causa de ello[33]. Ahora el caso era diferente. Carlos había conseguido renombre en la música electrónica como Walter e iba a pasar a ser públicamente Wendy. Había muchos temores en ella: el de la violencia física, el de no ser tratada con seriedad a partir de ese momento y el de la posible reacción de sus colegas músicos que podrían tacharla de aprovecharse de su condición para impulsar su fama. Con todo, había un elemento favorable para Wendy, el de la profesión médica. Los facultativos que se dedicaban a la reasignación y confirmación

---

31   Carlos escribió «TELL HEM» con mayúsculas.

32   Ya en 1972, Carlos se había sometido a una cirugía de confirmación de género.

33   Los casos más señeros habían sido el de la actriz y artista de cabaret Christine Jorgensen, y el de la tenista Renee Richards.

de género (con tratamientos psicológicos, hormonales y quirúrgicos) atendían preferentemente[34] a personas con una posición social adquirida previamente a su transición.

En la entrevista se abordaron los cambios físicos que Wendy había experimentado, su orientación sexual, su identidad genérica y la transformación de su visión del mundo después de su tránsito (Bell 1979: 96). Carlos insistió en su preferencia por el término «transgénero», en detrimento de «transexual». Estimaba que el primero era más inclusivo frente a la más limitada reducción a lo sexual del segundo (Bell 1979: 82).

Con la publicación, Wendy se sintió decepcionada, pues esperaba engañosamente que en la entrevista se hablara tanto de su música como de su género. Sin embargo, embebido en una indeseable convergencia de activismo y amarillismo (tan habitual en los ochenta como en nuestra época), Bell puso el acento en la reasignación genérica[35].

En todo caso, Wendy Carlos entendió la entrevista como una liberación y un alivio de la carga que había soportado durante años. A partir de ese momento, en sus apariciones públicas y en ulteriores entrevistas, no quiso hablar más de su transición. Deseó proyectar la figura de una mujer normal dedicada a la música[36]. Si bien Carlos ha optado personalmente de la separación de lo musical y lo genérico, una vez que fue sometida a cirugía e hizo la entrevista para *Playboy*, cierto feminismo musical estimó que no se debían deslindar los avances de la artista en la música electrónica de su femineidad[37].

---

34 Incluso exclusivamente, en aquel ambiente *wasp, y en el fondo puritano. En esta línea también excluían a las trabajadoras sexuales.*

35 Esa sensación de desencanto con una entrevista también la tuvo Carlos con la que le hizo Allan Kozinn para el *New York Times* en 1979. *Desencanto del que se desquitó con la entrevista que ese mismo año le hizo Dominic Milano para Contemporary Keyboard, que versó principalmente en torno a su música.*

36 Esta postura también puede ser interpretada como la de una persona con un trasfondo insolidario, pues, a partir de ese momento, Wendy se desentendió de las personas que habían experimentado los problemas y el dolor sufrido por ella.

37 Esta es la postura de Roshanak Kheshti, quien considera que, gracias a la música

Se produjeron muchos cambios en la vida de Carlos tras su entrevista en *Playboy*. Tuvieron lugar las últimas colaboraciones con Elkind[38] y comenzó la relación de amor y convivencia con Annemarie Franklin[39].

De nuevo Stanley Kubrick requirió los servicios de Carlos para su película basada en la novela de Stephen King *The Shining* (El resplandor). El trabajo de producción fílmica (y musical) se llevó a cabo entre 1978 y 1980 (año en el que la película fue llevada a las salas). Una vez más Kubrick volvió a ser desconsiderado y desdeñoso con la partitura que hicieran Carlos y Elkind y, al final, en la cinta solo aparecieron dos pequeños fragmentos: una versión digital del *Dies Irae* y *The Rocky Mountain* (Sewell 2020: 131).

La experiencia fue tan negativa que Elkind renunció a la música destinada a cine y televisión. Además, este fue el último trabajo que realizara junto a Carlos. Por otra parte, las nuevas relaciones personales que iniciaron condujeron a ambas a una certeza: ya ni la convivencia, ni la protección, ni la música ofrecían vínculos de unión[40].

Con la composición de la Banda Sonora original de *TRON*[41], bajo la supervisión de Michael Frener, comenzó la deriva de Carlos a la grabación bajo el proceso de síntesis digital. De nuevo la producción de la música entrañó problemas. Los más significativos fueron la difícil sincronización que obligó a grabar la música orquestal primero para luego sintetizarla, la posición de los micrófonos para lograr una nítida

---

       electrónica de Carlos, la técnica y la ciencia ligadas a un progreso masculinizado, tal como preconizaba por ejemplo Marinetti, se feminizan, (Kheshti 2019: 81).

38   Elkind, a su vez se casó con Yves Tourré y se mudó a Francia con él. Tourré, físico, conoció a Elkind y a Carlos en 1973 en un viaje que hicieron a África con la intención de satisfacer una de sus grandes pasiones, la observación de eclipses solares.

39   Mujer transgénero también tratada por el doctor Benjamin y dedicada exitosamente a la informática.

40   En realidad, el último trabajo del tándem Carlos-Elkind fue *Blood Tide*.

41   Estrenada en 1982 y en la que Carlos utilizó el Sinergy GDS (Global Digital Systems) Crumar. La partitura de la película combinaba música orquestal con sonidos analógicos Moog y síntesis digital GDS como partes de un mismo conjunto instrumental.

diferenciación tímbrica de los instrumentos y unos efectos de sonido antifonal frustrados[42].

En 1984, Carlos compuso y grabó *Digital Moonscapes*. En este caso no se trataba de la digitalización de música previamente grabada, sino digitalmente producida. De nuevo afloró el talante perfeccionista y controlador de Carlos. Si bien la grabación digital. Por el método LSI-Philarmonics[43], acercaba mucho más el sonido al propio de una orquesta, todavía los sonidos de los instrumentos de tesitura aguda eran indistinguibles entre sí[44]. Esta carencia fue expuesta por Kozinn, en un artículo aparecido en *Opus* (Kozinn 1985: 25). Franklin consideró mezquina y errónea esta crítica. Para ella, lo importante de ese disco de Carlos no era lo que no había conseguidgo con el timbre de los instrumentos, sino lo que había conseguido: llevar la composición digital hasta su más alta cota. El estudioso de la música electrónica, Thom Holmes, comparte la posición de Franklin y pondera cómo, en la pieza de *Digital Moonscapes* titulada *Luna*, Carlos consigue metamorfosear el sonido de un violín en el de un clarinete y el de este en una trompeta para acabar logrando reproducir al final de este continuo sonoro el timbre de un violonchelo. Una conquista absolutamente vedada a la música producida antes de la introducción del ordenador (Holmes 2016: 121).

Sin duda, *Beauty in the Beast* (1986) es el álbum más revolucionario de Carlos. En él no solo hay música de nueva composición (a diferencia de los discos *Switch-on* de los setenta), sonidos instrumentales ignotos, sino también sistemas de afinación desconocidos. Para hacer el disco llevó a cabo viajes etnomusicológicos donde conoció nuevos instrumentos pertenecientes a distintas tradiciones, los reunió de un modo en el que no habrían podido hacer más que

---

42   Carlos reubicó a los miembros de la orquesta para generar ese sonido antifonal, pero este efecto se vio frustrado por la desafortunada regrabación de la música de estéreo a mono.

43   Large Scale Integration, filarmonía de integración a gran escala

44   Además, una interpretación orquestal de *Digital Moonscapes por la Orquesta Sinfónica de Berkeley dirigida por Kent Nagano la dejó muy insatisfecha, porque buena parte de lo que sonó pertenecía a la grabación de su disco y solo se interpretaron en parte las suites que ella compuso.*

excepcionalmente, escribió música con sistemas de entonación basados en escalas pentatónicas[45].

Con *Secrets of Synthesis* (1987) Carlos quiso ofrecernos una recopilación de todos los procesos de composición que había empleado en toda su carrera: ejemplos de timbres analógicos, orquestación simple, síntesis imitativa, interpretación de conjuntos por pistas. De los dieciséis cortes del disco había varios dedicados a su trabajo con el Moog, los cinco últimos eran fragmentos de *TRON* y *Digital Moonscapes* en los que se había servido de la síntesis digital.

6. ¿Su legado?

Tras este disco de inventario, Carlos comenzó lo acabó llamando periodo de divertimento. En este momento de relax experimentó con las posibilidades del MIDI[46] y trabajó con el músico paródico Weird Al Yankovic[47]. Con él realizó en 1989 versiones de *Pedro y el Lobo* de Prokofiev y de *El carnaval de los animales* de Saint Saëns[48] (música de Carlos y narración de Yankovic).

Switched-on Bach 2000 (1992) es un retorno al repertorio originario[49] de 1968 (tratado con Moog) para grabarlo con las nuevas técnicas que Carlos había trabajado a partir de entonces. Y en este proceso de recapitulación general de todo lo llevado a cabo, Wendy Carlos aceptó la oferta de Mathew Davidson de lanzar una página web[50] relativa a su obra que se hizo pública a partir de 1996.

---

45 El pelog y el slendro balineses.

46 Musical Instrumental Digital Interface.

47 Su trabajo más conocido popularmente es el videoclip *I'm fat que parodiaba Bad de Michael Jackson y ganó el Grammy al mejor concepto de videoclip de 1989.*

48 El animalario de Carlos y Yankovic era muy diferente al de Saint-Saëns.

49 Si bien se incluyeron la icónica *Tocata y fuga en re menor y una cancioneta original de Carlos llamada Happy 25th, S-OB.*

50 En la web Carlos escribió diversos ensayos en los que entre otros temas se quejó

En 1998, Carlos, buscando más libertad para la edición de discos, rompe con la CBS y firma por ESD (East Side Digital). Este cambio de sello le permitió una reedición de todos sus trabajos salvo *TRON* y *Pedro y el lobo* por haber sido editados al alimón por SONY/CBS. En este año aparece *Tales of Heaven and Hell* con un toque siniestro[51] que pretende beber de las fuentes de la *Sinfonía fantástica* de Berlioz y *La noche en la montaña pelada* de Mussorgsky. El disco, ya editado también bajo el formato de CD es muy variado, pero en el destaca la suite *Clockwork Black*, donde retoma, bajo versiones más oscuras oscuridad, melodías que usara en la película de Kubrick: La *Oda a la alegría*, *Música para el funeral por la reina María* y la obertura de *La gazza ladra*. En esta grabación Carlos se congratuló de usar el circon, un oscilador de mucha mayor precisión que los existentes que había fabricado para ella Robert Moog.

Con todo, 1998 fue un año muy desagradable para Wendy por la aparición de una canción llamada *Walter Carlos* que figuraba en el álbum de Momus *The Little Red Songbook*. La letra de la canción narraba cómo Walter Carlos, compositor de *Switched-on* Bach había desaparecido del mundo tras una cirugía de cambio de sexo. Retomando el discurso de Aristófanes en *El banquete* de Platón, Momus hacía que al final Wendy Carlos se uniera en matrimonio a Walter. A Wendy Carlos aquello no le hizo la menor gracia. En el fondo la retrotrajo a las más amargas experiencias de su juventud y la volvió a poner ante una evidencia que había experimentado.

---

amargamente de la dictadura serialista que había en su tiempo de estudiante en Columbia (a cuya permanencia en la música académica atribuía no haber sido tomada en serio como compositora). También atacaba a aquellos que tenían el Síndrome BIC (Brain in Crotch, o cerebro en la entrepierna, en castellano vulgar «pensar con la polla») que la habían juzgado exclusivamente por su condición de transexual o habían menospreciado su música centrándose en la cuestión de género. Igualmente, Carlos ataca a la historiografía oficial de la música que o bien la sigue llamando Walter o bien oscila entre Walter y Wendy. Incluso es notorio como algunas obras de referencia la minusvaloran o la ignoran. Es el caso de Nick Collins y Julio d'Escrivan (Collins y d'Escrivan 2017), donde Carlos es mencionada ocho escasas veces, tan solo se mencionan su *Switched-on Bach* y *su trabajo para A clockwork Orange* y, sorpresivamente, no aparece en el índice onomástico.

51   En el disco aparecía una advertencia que recomendaba no escucharlo en soledad ni en la oscuridad.

La tecnología y las máquinas se alinean la mayor parte de las veces con la masculinidad, con disciplinas de matemáticas e ingeniería dominadas por el varón y por las ventajas económicas. En suma, con el poder y el control patriarcales. Esto es especialmente evidente en la música pop donde las mujeres son levadas al gueto del canto y se las excluye de la guitarra eléctrica (Peraino 2015: 294).

En *Pink Noises*, Tara Rodgers entrevista a muchas mujeres dedicadas a la música como intérpretes y productoras. Su trabajo refuta la idea de la no implicación de ellas en el pensamiento y demuestra que han sido invisibilizadas (Rodgers 2010: 2).

Por la ofensa sentida, Carlos demandó a Momus y a su sello discográfico, Le Grand Magistery, por 22 millones de dólares. Momus se avino a retirar la canción, su compañía de discos hubo de pagar las costas del juicio 50.000 dólares y salvó la bancarrota gracias a una campaña de *crowdfunding* organizada por el propio cantante[52]. En todo caso, la escena del pop no recibió nada bien la reacción de Carlos ni el desenvolvimiento de este asunto. Se la consideró intolerante, rígida y carente de sentido del humor. Además, se le acusaba subrepticiamente de no haber asimilado muy correctamente su transición genérica[53].

En este intenso año, Carlos también grabó la banda sonora de *Woundings*[54], que no tuvo éxito crítico. También comenzó la reedición de viejos trabajos que inició con el cuádruple CD *Switched-on Boxed*. De nuevo, entre sus seguidores surgió la controversia, pues no hubo pocos que consideraban un error la supresión de ciertos errores de sonido de las versiones originales.

En 2005 Carlos recibió el premio de la SEAMUS (Society of Electro-Acoustic Music in the United States) en reconocimiento de toda

---

52   Consistente en hacer una canción a todo aquel que donara 1000 dólares.

53   Fueron especialmente sangrantes las menciones a ella en la reseña de Brent di Crescenzo al disco de Momus generado por crowdfunding: *Stars forever*.

54   En el disco colaboraron diversos amigos músicos poniendo sus voces, entre ellos el encargado de su web Mathew Davidson.

su obra. El primer premiado por esta Sociedad fue en 1987 Vladimir Ussachevsky y en 1991 lo recibió Bob Moog. Precisamente a este le correspondió hacer el discurso de honor para Carlos (que no pudo asistir al evento). En agosto de aquel año murió Moog. En el acto de homenaje estuvo Carlos que interpretó varias piezas entre las que destacó por encima de todas *Música para el funeral de la reina María*.

La eclosión de la música online, a principios de los 2000, displació de nuevo a Wendy Carlos, que intentó que su obra no fuera asequible por ese medio. Desde 1999, Annemarie Franklin y Wendy Carlos rompieron amarras con ESD y crearon el sello Serendip LLC que tiene la exclusiva de la difusión de la música de Carlos y persigue legalmente que esta se escuche por plataformas como YouTube y Spotify. Estas restricciones han provocado antipatías entre sus seguidores, hasta el punto de que no han sido pocos los que se declaran otrora, pero ya no, admiradores de su música.

En todo caso, nadie puede negarle a Carlos su compromiso decidido, inquebrantable y asintótico con la innovación.

No creo que ninguna de las tecnologías haya hecho otra cosa que aprovechar la superficie de una veta muy rica que aún yace, en su mayor parte, enterrada. Esta será explorada en el tiempo, y esa exploración sobrepasará los límites de mi vida(..) Es probable que esto continúe durante décadas, probablemente incluso durante algunos siglos. El cumplimiento del sueño de todos, el sintetizador capaz de hacer lo que sea, todavía no ha llegado. (en Holmes 2016: 358)

Sirvan estas palabras como el legado que quiso dejarnos.

Referencias

Bell, Arthur (1979): «Wendy/Walter Carlos: A Candid Conversation with the *Switched-on Bach* Composer, who for the first time, reveals her sex-change operation and her secret life as a woman», *Playboy* 26 (5), 75-109.

Carlos, Wendy (1971): «On synthetizers», *Last Whole Earth Catalog* 1160, 6, 330-331.

Diliberto, John K (1984): «An Interwiew with Wendy Carlos», *Poliphony* (junio), 10-13.

Holmes, Thom (2016): *Electronic and experimental Music: Technology, Music and Culture*. Nueva York: Routledge.

Kheshti, Roshanak (2019): *Switched-on Bach*. Nueva York: Bloomsbury Academic.

Kozinn, Allan (17 de febrero de 1980): «'*Switched-on Bach*' Creator returns», *The New York Times*, 22

Kozinn, Allan (1985): «Carlos: Cosmological Impressions: Moonscapes (review)», *Opus: the magazine of Recorded Classics* 1, 3, 24-25.

Milano, Dominic (1979): «Rachel Elkind», *Contemporary Keyboard* (diciembre), 36-37

Milano, Dominic (1979): «Wendy Carlos», *Contemporary Keyboard* (diciembre), 32-76.

Peraino, Judith (2015): «Synthetisizing Difference: the Queer Circuits of early Synthpop», en Olivia Bloechl, Melanie Lowe y Jeffrey Kallberg (eds), *Rethinking Difference in Music Scolarship*. Cambridge: Cambridge University Press, 287-314.

Reed, Susan (1 de julio de 1985): «After a Sex Change and Several Eclipses, Wendy Carlos Treads a New Digital Moonscape», *People Magazine* 24, 1. Disponible en: https://web.archive.org/web/20141201061203/http://www.people.com/people/archive/article/0,,20091206,00.html [consulta: 5/04/2022]

Rodgers, Sara (2010): *Pink Noises*. Durham: Duke University Press.

Schonberg, Harold (16 de febrero de 1979): «Merry time with the Moog», *The New York Times*, 17.

Schoonhoven, Sara Marie (2017): *Gender, Timbre and Metaphor in the Music of Wendy Carlos*. Austin: University of Texas.

Sewell, Amanda (2020): *Wendy Carlos. A Biography*. Oxford: Oxford University Press.

Simoni, Mary (2017): «The analysis of electronic Music», en Nick Collins y Julio D'Escrivan (eds.), *Cambridge Companion to Electronic Music*. Cambridge: Cambridge University Press, 274-291.

ANNA BOFILL (1944)

Electrónica, arquitectura, reflexión. Experimentación e interdisciplinariedad en la obra electroacústica de Anna Bofill

ALEJANDRO RODRÍGUEZ ANTOLÍN
Universidad Autónoma de Madrid

1. Introducción. Electrónica, mujeres, Bofill: del silencio a la experimentación

La irrupción de la música electroacústica en España supuso una oportunidad creativa para cierto sector entre los compositores contemporáneos, que hallaron ante sí una vía para el desarrollo de una música con una particular estética y metodología, abierta en favor de propuestas interdisciplinares. A pesar de esto, la falta de espacios, medios creativos y recursos económicos, el errático apoyo institucional y académico sufrido y una dificultosa labor de difusión terminaron por definir el hermetismo que caracterizó la progresión del repertorio, así como el catálogo de algunos de sus protagonistas. Muchos artistas optarían por adaptar sus trabajos a los medios preexistentes o a la colaboración con artistas de otras disciplinas, mientras otros se vieron desmotivados hasta el punto de abandonar esta propuesta y estética en favor de otros lenguajes, formas y géneros musicales o el abandono del país en busca de nuevos retos y recursos. En otras palabras, asumir el reto de la estética electrónica en la España de mediados del siglo XX suponía un salto al vacío, un sendero experimental no siempre sencillo para aquellos que lo recorrían.

Más allá de las limitaciones del propio repertorio, el caso de las artistas y compositoras que participaron de este es aún más complejo. Ausentes en algunos textos y estudios académicos, el número de mujeres pioneras y/o implicadas en su desarrollo suele verse reducido frente a un compendio de nombres masculinos que históricamente han acaparado los escasos focos centrados en la creación electroacústica peninsular. Esto no ha impedido que brillantes compositoras, a base de trabajo y esfuerzo, hayan conseguido exponer sus obras y visiones artísticas, sobreponiéndose al potencial ostracismo y construyendo un legado ineludible. Marisa Manchado, María Escribano, Zulema de la Cruz, Diana Pérez Custodio, Mercè Capdevila i Gaya, Consuelo Díez, Inmaculada Cárdenas o Ana Vega Toscano son sólo algunos de ellas, cada una con su propia perspectiva y discurso artístico, y todas ellas dignas de mención y estudio pormenorizado.

Otro de estos nombres fundamentales es el de Anna Bofill Levi (Barcelona, 1944), arquitecta, compositora y pianista, considerada una figura de referencia en la música contemporánea española y catalana de los siglos XX y XXI. A lo largo de su prolífica carrera ha abarcado desde obras para piano solo o para diversos conjuntos instrumentales hasta la radical experiencia estética de la música electrónica, marcadas por un enfoque y metodología compositivas propios del arte experimental e interdisciplinar. Por ello, en el presente texto, ahondaremos en los aspectos clave de su obra, de imperiosa relevancia para la reconstrucción historiográfica de repertorios como la música electroacústica,

la música catalana o el arte interdisciplinar en España, enfocando
nuestra atención en sus propuestas experimentales ligadas al ámbito
de la música electrónica, así como en las intersecciones dadas entre la
estética de su sonido y el mundo de la arquitectura.

2. Contexto y formación musical. La influencia de Xenakis, Mestres Quadreny y el laboratorio Phonos

El primer acercamiento de Anna Bofill al piano, a la teoría y la composición musical tuvo lugar en 1950, con tan sólo seis años. Con una familia y educación rodeada de un intenso ambiente artístico, se formó
musicalmente en la Acadèmia Caminals, lo que le permitiría acercarse
al ámbito de la música contemporánea de la mano de maestros como
Jordi Albareda, y, posteriormente, Josep Cercós y Xavier Montsalvatge. Esto implicaría un primer y directo contacto con los lenguajes, técnicas y metodologías de vanguardia y experimentación musical, que se
convertirían en fundamentales herramientas para el desarrollo de su
carrera como compositora. Sin embargo, más allá de la escena musical
catalana, Bofill tendría otros referentes internacionales que incidirían
notablemente en su perspectiva sobre la concepción de la música y el
acto sonoro. Entre ellos destaca el compositor, ingeniero y arquitecto griego Iannis Xenakis, quien se convertiría en figura inspiradora y
maestro espiritual para la catalana por su concepción de lo sonoro y el
discurso teórico subyacente a esto. Esto se establecería, especialmente, tras la visita de Bofill a la Feria Mundial de Bruselas en 1958.

En dicha ocasión, Bofill pudo entrar en contacto con el Pabellón
Philips, edificio construido para la ocasión y planteado a modo de proyecto interdisciplinar, dirigido por el arquitecto Le Corbusier (encargado de la arquitectura y audiovisuales del edificio) y Xenakis (diseño de
superficies), en colaboración con otros expertos en diversas materias,
tales como Edgar Varèse (música), el cineasta Philipe Agostini (audiovisuales) y el diseñador gráfico y editor Jean Petit. Esta construcción

serviría como espacio inmersivo para la presentación de la obra *Poéme Electronique* (1957-1958), expuesta como un trabajo que, más allá de lo exclusivamente sonoro, se plantea en relación con el propio espacio de representación. Esto favorece la conjunción de los mundos musical y arquitectónico, poniendo así en relevancia la ya mencionada idea del arte interdisciplinar (Harley 2004: 16). Bofill se acercaría a la figura de Xenakis, observando cómo su visión holística encajaría con la perspectiva científica multidisciplinar del griego, e impactando en consecuencia en su forma de entender la arquitectura y la música (Franchini 2021: 118). Su interés por Xenakis continuó con el paso del tiempo, llegando a traducir al catalán su publicación *Music and architecture* (en 1982), y posteriormente trabajando en París bajo sus órdenes en el Centre d'Études de Mathématique et Automates Musicales (CEMAMu, en 1985).

Inmersa en esta amalgama de referencias y referentes y en vías de consolidar sus conocimientos en el ámbito musical, Anna Bofill se encontraría ante un punto de inflexión de su vida en la década de 1960. En paralelo a su desarrollo en el ámbito musical, siguió los pasos tanto de su padre (Emilio Bofill) como de su hermano (Ricardo Bofill), comenzando sus estudios de arquitectura en 1962 en la Escuela de Arquitectura de Barcelona. A pesar de una primera pulsión por darle prioridad a sus estudios musicales en la Italia de referentes como Luigi Nono, la compleja situación familiar que atravesaba en aquellos años desembocaría en su asentamiento definitivo en Barcelona y la apuesta por los estudios de arquitectura, en un momento en el que las circunstancias musicales del país no eran las más sencillas:

> Por aquel entonces en este país no se podía estudiar música. A finales de los años cincuenta, por desgracia, nuestros conservatorios no eran el mejor lugar para cursar una carrera musical. Nos hallábamos en pleno franquismo y apenas se tenía contacto con el extranjero. Afortunadamente, yo había viajado por Francia e Italia con mis padres y conocía lo que se hacía fuera del país. Aun así, no logré lo que pretendía. Mi madre me impidió marcharme: se le había muerto un

hijo y tenía a otro (mi hermano Ricard) estudiando en Suiza. Yo era, por tanto, el único hijo que le quedaba en casa y mi marcha la hubiera dejado muy triste... Así, cediendo a su chantaje emocional, me quedé en Barcelona. (González Virós 2006: 113)

Se plantean así las dos vías de acción principales en su etapa formativa, que impactaron y marcaron tanto su carrera y dirección artística como su propia vida. Por una parte, sus estudios en el ámbito de la arquitectura le llevarían a doctorarse en 1974, presentando su tesis doctoral *Contribución al estudio de la generación geométrica de formas arquitectónicas y urbanas* (Bofill Levi 1975); y, por otra parte, continuó con su interés, estudio y experimentación en el ámbito musical en Barcelona, lo que en sus últimos años como estudiante le llevarían a tomar como maestro al químico y compositor Josep Maria Mestres Quadreny. Este paso fue fundamental para Bofill, pues la música y enseñanzas del compositor catalán supondrían un profundo calado e influencia en su propia obra. De hecho, la propia Bofill se postula como una de las principales discípulas del catalán, trabajando en conjunto en diversos proyectos y obras y contribuyendo al conocimiento, difusión y comprensión de su arte y reflexiones (Martín Nieva 2012: 61).

Contextualicemos esta cuestión. Ya por entonces, Mestres Quadreny era uno de los principales activistas de la experimentación musical e interdisciplinar artística en Cataluña. Impulsor del serialismo integral y la música aleatoria catalana, destacó por ser uno de los pioneros del uso de medios informáticos para la composición musical, siendo su obra *Ibemia* (1969), para dos percusiones y conjunto de cuerdas y con la inestimable aportación de Martí Verges (a cargo de los cálculos informáticos), la primera composición asistida por ordenador en España (Barber y Palacios 2009: 380). Tanto en su actividad como compositor como por su labor ensayística y de difusión de la nueva música, impactó notablemente en la obra de Bofill y otros artistas coetáneos, además de dejar tras de sí un legado que perdura hasta nuestros días. Pero, además de esto, Mestres Quadreny fue uno de los fundadores del que sería uno de los más importantes espacios-laboratorios de música electrónica del país, vital tanto para el desarrollo y difusión del repertorio a nivel nacional en general como para forjar una parte del discurso artístico de Bofill en particular: el laboratorio Phonos.

Para la fundación de Phonos, Mestres Quadreny se asociaría con el compositor Andrés Lewin-Ritcher, quien importaría en 1967 el modelo y las enseñanzas aprendidas durante su estancia en el laboratorio del Columbia Princenton Electronic Music Center de Nueva York para la construcción de un laboratorio privado en Barcelona destinado a la experimentación sonora con medios tecnológicos (Arranz 2011). Originalmente llamado Estudio de Música Electrónica de Barcelona, este espacio mutaría en favor de una ampliación de medios tecnológicos contando con la ayuda de Lluis Callejo, cuyos conocimientos técnicos le otorgarían un puesto de honor en la fundación de este espacio con hitos tales como generar la primera música digital hecha en Phonos (García Karman 2014: 26) o construir el Stokos IV, un sintetizador de sonidos de cuatro canales con la posibilidad de generar secuencias de alturas y duraciones de forma aleatoria (Lewin-Ritcher 1998).

En 1974 tendría lugar la fundación definitiva de Phonos S. A., bajo la gerencia de Rosa M. Quinto, como un laboratorio de experimentación electrónica establecido en una casa la calle Santa Magdalena Sofía de Barcelona. Para aquel momento, el laboratorio ya contaría con un sintetizador EMS Synthi AKS, tres magnetofones Revox A77 MK IV, generadores de sonido, un mezclador (diseño a cargo de Callejo) y diversos micrófonos, siendo en aquel momento uno de los espacios mejor preparados y con mayor cantidad de medios para la composición electrónica del país (Lewin-Ritcher 1998). La idea de que se conformara un entorno destinado a la experimentación sonora y la difusión de la música electrónica, con las puertas abiertas a compositores experimentales que no tendrían marcada una tendencia estética en la que trabajar, resultaría poseer un fuerte poder de convocatoria entre los artistas más atrevidos del momento. Es así como compositores tales como Gabriel Brncic, José Manuel Berenguer o la propia Anna

Bofill recalarían en este espacio, generando un alentador caldo de cultivo para el intercambio de propuestas, herramientas y reflexiones en torno a la música electrónica.

Esta sería una gran oportunidad para Bofill de cara a acceder a medios y recursos tecnológicos de difícil acceso por otras vías, así como entrar en contacto con otros compositores experimentales, sus conocimientos y la realidad artística de cada uno de ellos. Como consecuencia de todo ello, la catalana se postuló como una de las primeras mujeres ligadas a la música electrónica en España, siendo una de las pioneras de la electrónica en España y Cataluña en general y las experimentaciones que tuvieron lugar en Phonos en particular. Tanto en la década de 1970 como posteriormente, Bofill aprovecharía sus experiencias en el laboratorio para forjar una singular estética sonora, cuestión que incidió en sus composiciones musicales, en especial, cómo es lógico, en aquellas ligadas a la composición electrónica y/o con medios y dispositivos tecnológicos:

> Estuve frecuentando el laboratorio en dos etapas distintas, la primera inicia hacia 1975 al inicio de su fundación por José M.ª Mestres Quadreny, Lluis Callejo, Andrés Lewin-Richter y Gabriel Brncic como profesor de composición electroacústica. Se hacía investigación sobre análisis y síntesis de sonidos, todavía en la era de lo analógico, al mismo tiempo Callejo investigaba sobre sintetizadores y creaba el Synthy [...] La segunda etapa fue en 1992 cuando Phonos organizó un curso experimental de informática musical (ya en la era de lo digital) coordinado por Xavier Serra, que luego se convirtió en un máster de los estudios audiovisuales de la Universidad Pompeu Fabra de Barcelona. El adentrarme en la substancia profunda del sonido y en las técnicas de síntesis musical y de creación musical por ordenador me dio una amplitud de conocimientos, luego de posibilidades creativas, que creo son imprescindibles para toda persona que se quiera dedicar a esta actividad. (Blardony 2009: s. p.)

3. Intersecciones entre arquitectura y música. Interdisciplinariedad a través del caso ilustrativo de *Esclat*

Más allá de su formación musical y artística, el trabajo y conocimientos de Anna Bofill derivados de su acercamiento teórico y práctico al campo de la arquitectura también influyeron en su concepción del arte. La arquitectura, para Bofill, más allá de poseer un punto de conexión con lo social (a través de una concepción de los entornos urbanos enfocada hacia la realidad de las personas de a pie), se erige como una disciplina que aúna sus intereses y pulsiones relativas a otras áreas del saber:

> Vi claro que, sin duda, [la arquitectura] es lo que más se parece a la música; al mismo tiempo, además, reúne la vertiente filosófica, científico-matemática y mesiánica de cambiar el mundo y de hacer cosas para la sociedad y para la gente. (González Virós 2006: 114)

Esta perspectiva multidisciplinar de la arquitectura en su carácter aplicado encontró una sólida base de desarrollo en 1964, cuando Bofill se une al Taller de Arquitectura (1963), fundado por su padre y su hermano. El Taller estará integrado por arquitectos, pero también por expertos de otras disciplinas como el poeta José Agustín Goytisolo, el matemático Eduard Bonet o el político y escritor Salvador Clotas, entre otros. Esto permitirá a la compositora cruzar reflexiones en un entorno interdisciplinar, además de trabajar en proyectos colectivos como el *Castell* (Sitges, 1966-68), el proyecto *La Ciudad en el espacio* (Madrid, 1970-72) o *Walden-7* (Sant Just Desvern, 1970-75), y simultáneamente en otros proyectos como la *Casa Martí* (Rambla de Torroella de Montgrí, Gerona, 1977) o el proyecto de ochenta y ocho apartamentos *La pérgola* (Saint Cyprien Plage, Perpignan, 1979-81), entre muchos otros (Cureses 2013: 174).

Bofill comenzó a investigar y trabajar en el control de «los seis posibles movimientos rígidos de un objeto (también designadas isometrías) en el espacio para alcanzar sistemáticamente y de forma recursiva agrupaciones, a menudo, en racimo» (Martín Nieva 2012: 60). En función de esto, su trabajo arquitectónico y urbanístico parte de la idea de la asociación de elementos tridimensionales simples, entendidos como «células estructurales», en favor de la construcción de estructuras y volumetrías complejas regidas por leyes matemáticas (denominado como Teoría de las Formas). Esta cuestión, a su vez, nos remite a ideas musicales como la forma de fuga, con un mecanismo análogo al desarrollar un motivo melódico sencillo en favor de algo más complejo. Así, Bofill establece una relación simbiótica entre el modelo matemático de las formas geométricas y el concepto de espacialidad, y, por otra parte, el proceso de composición musical:

> Comienzo la construcción de una obra musical generalmente con una o varias ideas plásticas que dibujo sobre el papel o anoto en una pequeña libreta que llevo siempre [...]. Pienso la música como una arquitectura en donde los volúmenes no son estáticos sino dinámicos. (Bofill Levi 2009: 251)

Esto quedará patente en su primera composición, *Esclat* (1971), en la que presenta una organización musical en base a estos preceptos matemáticos, geométricos y de diseño:

> En el proceso de construcción de *Esclat*, donde los volúmenes son dinámicos, Bofill hace uso de ciertas leyes del cálculo de probabilidades en la microestructura y reglas geométricas para organizar la macroestructura de la obra. La estructura geométrica generativa que desarrolló en su Tesis Doctoral se traduce aquí en la aplicación de las isometrías en el espacio a un elemento básico. Las relaciones de alturas y grupos rítmicos se distribuyen según la Teoría de la probabilidad, siguiendo el método Montecarlo; las densidades, según la ley dada por la curva de Gauss de mayor probabilidad en la zona central y menor en los extremos de la curva. Distribuye así la participación de cada instrumento y el campo de sus registros en cada parte. (Cureses 2013: 177)

El proceso de composición de *Esclat* coincidió en el tiempo con el trabajo arquitectónico *Walden-7*, en el que también son aplicadas las ideas teóricas derivadas de su Teoría de las Formas y las isometrías. Aquí, en cierto modo, el procedimiento y metodología se aplica a la inversa: los entornos arquitectónicos son explorados desde la perspectiva sonora, pero no necesariamente acústica, cruzando conceptos artísticos de la fluidez y el movimiento de lo sonoro con el estatismo implícito de lo arquitectónico:

> En algunos casos, estos recursos serían traducibles literalmente a las isometrías que estudiaba en su tesis, en concreto: la traslación se identificaría en música con la imitación; la simetría horizontal con la inversión; la simetría vertical con la retrogradación; y la simetría de doble eje con la inversión retrogradada. De este modo, tanto en el *Walden 7* como en *Esclat* nos encontraríamos con la aplicación sistemática de esos cuatro recursos. (Martín Nieva 2012: 60)

Este proyecto, imbuido en la relación matemáticas-arquitectura-música, encuentra un paralelismo con la situación de Xenakis, quien, durante el proceso de composición de *Metastasis* (1953-54) y la construcción del *brise-soleil* de la fachada oeste del convento de Sainte-Marie de la Tourette (1954-1956), tomará como referencia el sistema de medidas «Modulor» ideado por Le Corbusier en 1953 y basado en las proporciones humanas, donde cada magnitud se relaciona con la anterior por el Número Áureo. En este sentido, las reflexiones de Vitrubio, Goethe, Le Corbusier y el compositor griego parecen ajustarse a la metodología de trabajo de Bofill, cuyo proceso compositivo responde a un modelo de construcción y medición matemático en favor de una «música como estructura viva», y cuya concepción de la arquitectura responde a la idea de «música en pausa o petrificada» (Xenakis 2006: 79).

Para desarrollar y profundizar aún más en esta relación arquitectura-sonido, Bofill tendrá la oportunidad de trabajar en 1985 en el parisino CEMAMu bajo las órdenes del propio Xenakis. En este centro, investigadores y artistas trabajaban en torno a la generación de sonidos y secuencias sonoras por medios informáticos; por ejemplo, se plantearía el uso del lápiz electromagnético sobre una pantalla táctil de gran tamaño para la composición del material sonoro a partir del acto físico del dibujo. Todo ello nos remite a un procedimiento que, aplicado a los conocimientos tradicionales de la composición, supone un aperturismo del concepto de la creación musical tradicional en favor del interés por la música como un conjunto de sonidos y ruidos. Este ya no responde a las estructuras melódicas y armónicas clásicas, sino a, en este caso, la gestualidad y movimiento implicados en el proceso de representación gráfica (Blardony 2012). Este modelo compositivo y la relación entre arquitectura y música en la obra de Bofill, tan original como experimental, le acompañará a lo largo de su carrera.

Para Bofill, la década de 1980 estará marcada a nivel profesional por su abandono del Taller de Arquitectura entre 1981 y 1982 y su comentada estancia en el CEMAMu, y a nivel personal por un proceso de divorcio. Ello implicará una escisión y cambio de rumbo personal y profesional que, en el caso de sus investigaciones y visión del ámbito arquitectónico, orientará su enfoque de interés hacia la planificación urbana y, más específicamente, la perspectiva femenina y la relación de la mujer con la ciudad y los entornos urbanos (Gómez Collado, Rivera Herráez y Trujillo Guillén 2017: 241). En cualquier caso, esto supondrá un aperturismo hacia nuevas reflexiones y matices en torno a la relación arquitectura-sonido y no el abandono de esta, para entonces ya sólidamente cimentada en sus obras. Consecuentemente, esto marcó el desarrollo de parte de su posterior catálogo.

4. Música electroacústica como ruptura y respuesta. El catálogo musical de Bofill en el siglo xx y su acercamiento a otras artes

Enfocándonos en su catálogo musical, observamos que las primeras composiciones de Anna Bofill datan de la década de 1970. En un primer momento, durante los años de desarrollo y formación de Phonos, estas serían ajenas a la estética electrónica. Este es el caso de la ya mencionada *Esclat* (1971, para orquesta de cámara), *Poema* (1974, para piano solo) o *Quartet* (1976, para guitarra, clave, percusión y piano), todas ellas con un fuerte carácter individualista y en parte ligadas al mundo de la arquitectura por los preceptos metodológicos de su autora. Sin embargo, no sería hasta mediados de la década cuando daría lugar a *Espai sonor* (1976), su primera composición electrónica para percusión y cinta magnetofónica, que sería estrenada en el concierto *Música-Perspectiva* del Festival de música de Barcelona celebrado en la Fundación Miró, misma fundación con la que Phonos establecería una estrecha relación de conciertos con el paso de los años.

Serían estos los primeros pasos de la compositora catalana en el ámbito de la composición electroacústica pero no los únicos, pues en siguientes años presentaría otras obras como *Trío* (1981), *Urfaust* (1983), *Fills d'un déu menor* (1984), *Punto y seguido* (1993), *El somni* (1996) o *Res no et será pres* (1998), todas ellas con contando con el uso de cinta magnetofónica, electrónica y/o medios digitales/MIDI. Apoyándose en la estética electrónica, estos trabajos son fruto de la pulsión experimental y la nueva realidad sonora únicamente alcanzable a través de las nuevas tecnologías (analógicas y, posteriormente, digitales), y que por su continuidad en el tiempo ilustran la constancia de Bofill en su trabajo en relación con estos medios. Esto es de gran relevancia si atendemos a la situación de la música electroacústica en España durante las décadas de 1970 y 1980, cuando diversos compositores abandonarán el género en favor de otras prácticas, ya sea por agotamiento creativo, la incapacidad de acceder a los medios y difusión esperados, un interés puntual en este tipo de experimentaciones o la búsqueda de nuevos retos compositivos; este fue el caso de compositores como Luis de Pablo, Cristóbal Halffter o Tomás Marco, entre otros (Rodríguez Antolín 2023: 24-25).

En ocasiones, los sonidos electrónicos de Bofill se entremezclan con una parte escenificada, al tratarse de proyectos de música incidental.

Es el caso de obras como de *Fills d'un déu menor, El somni* o *Res no et será pres*, en las cuáles se evidencia, de un modo u otro, cierta tendencia por la conjunción de elementos en favor de un resultado interdisciplinar complejo. No es casual, pues el uso de composiciones electrónicas o electroacústicas en proyectos interdisciplinares en España fue una praxis habitual tanto por la relación dada entre artistas de distintas disciplinas como para la suma de recursos entre distintas artes para suplir la falta de herramientas y recursos de la electrónica en sí misma (Rodríguez Antolín 2023: 409). La estética de la electrónica, por sus características cualitativas, la posibilidad de trabajar el sonido desde la perspectiva de la acústica o de la masa sonora y por las técnicas de obtención del material sonoro, parece prestarse a la perfección a este tipo de proyectos experimentales multidisciplinares. Así mismo, no podemos obviar nuevamente la influencia de Mestres Quadreny, cuyos proyectos interdisciplinares colectivos (sirvan de ejemplo las llamadas «acciones musicales» junto a artistas Joan Brossa, Anna Ricci y Carles Santos), calaron en artistas coetáneos y posteriores (Sánchez 2006: 92-93).

Ilustrando esta idea en relación con las creaciones electrónico-incidentales del catálogo de Bofill, resultan especialmente interesantes los casos de *El somni*, y *Res no et será pres*. El primero de estos ejemplos se trató de una obra realizada en colaboración con Mestres Quadreny basada en el uso instrumentos MIDI de ordenador y otras fuentes sonoras para un espectáculo de marionetas, sombras y danza. Por su parte, *Res no et será pres*, fue un proyecto musical para el montaje poético-musical homónimo, a modo de homenaje a Maria Mercé Marçal, en l'Espai, Barcelona, en colaboración con Magda Puyo (directora de escena) y Pep Durán (escenógrafo). En este caso, su estreno en Barcelona quedaría registrado en CD en ese mismo año de 1998. Para ambas obras, Bofill ofrece una perspectiva multidisciplinar ya no tanto desde la perspectiva conceptual del sonido, sino en la propia colaboración con expertos en otras disciplinas.

No podemos obviar aquellas aportaciones creativas de Bofill al margen de la electrónica y la interdisciplinariedad artística. Estas obras no sólo conforman una amplia parte de su catálogo, sino que también se postularán como una inestimable aportación al patrimonio de la música instrumental catalana, además de reflejar las pulsiones creativas y visión artística de la compositora. Sumidas en el lenguaje y enfoque de la realidad artística contemporánea, muchas de sus piezas destacan por el despliegue de diversas técnicas musicales y exacerbada expresividad en favor de obras instrumentales ricas en matices y complejas. Aquí, nuevamente, nos referimos a trabajos artísticos en la línea de la experimentación musical y expresión sonora, siendo el efectismo sonoro una vía para el planteamiento de la ruptura estética con respecto a las tendencias compositivas tradicionales o previas a la contemporaneidad.

Ejemplos ilustrativos de ello son sus obras para instrumento solo, tales como *En un Chassaigne Frères negre de mitja cúa* (1983), *Onades i roques* (1997) o *6 x 4* (2008, para piano a cuatro manos), obras de cámara o conjunto instrumental reducido como *Septet de set sous* (1978, para orquesta de cámara), *Alternanze* (1997, para flauta de pico y soprano) o *Matèria Nua I, II, III y IV* (2007, para percusión y clarinete), así como otro tipo de propuestas como *Aquí no hay mar* (2015, para orquesta sinfónica) o la reciente *Perseidi* (2022, para orquesta de cuerda). Todas ellas conforman la otra cara de un dilatado catálogo que, al margen de no requerir de los medios o la estética propia de la electrónica, también exponen a Anna Bofill como una magnífica experimentadora musical y uno de los principales estandartes de la música catalana de los últimos cincuenta años.

5. Electrónica actual y más allá. Difusión, docencia y feminismo

Continuando con el recorrido histórico de las obras electrónicas de Bofill en el siglo XXI, observamos que su legado sigue latente tanto por sus aportaciones pasadas como por las composiciones estrenadas en los últimos años. Tras un enfoque creativo algo más centrado en la música instrumental y relativamente alejado de la electroacústica como tal durante la primera década del nuevo siglo, la compositora presentaría en 2012 el proyecto *Ptolomeo I* y *Ptolomeo II*, una doble colaboración con el artista plástico Pere Bellés que tendría su estreno en Museo de Arte Moderno de Figueras. A partir de esta contribución, Bofill retomaría su actividad en el campo de la electroacústica y la creación artística interdisciplinar, a la que se sumarían otras obras y proyectos de electrónica mixta como *La bolsa o la vida I* y *II* (2013), *Cielo de plomo I* (2014), *Cielo de Plomo II* (2015), *Loco selvaggio* (2016), *Transit* (2017), *Des êtres dʼair et dʼeau I* y *II* (2017), *Semele* (2018) o *Viajar es lo que importa* (2019), entre otras, así como proyectos de electrónica sola como *Alter-altera* (2016) o *Camins* (2017). Así mismo, aunando los mundos de la electrónica, la arquitectura urbana y el uso de recursos audiovisuales, participó en el proyecto *Toccata a trenc dʼalba* (2021) en comunión con J. Bagés, X. Gelabert y N. Roig (sonidos de campanas), expuesto al aire libre con una proyección a gran escala en El Vendrell.

Sin embargo, reducir las aportaciones artísticas de Bofill a los ámbitos de la arquitectura o la composición musical al uso es, cuanto menos, impreciso. Al margen de la experimentación estética y de medios, la compositora catalana destaca por otro tipo de actividades y aportaciones como su labor docente o de difusión de la música catalana y la experimentación sonora, así como su interés por la recuperación y revalorización de las mujeres artistas a lo largo de la historia. En este sentido, cabe destacar el notable el compromiso de Bofill con la promoción de la música catalana, cuestión que se ha manifestado tanto en su papel como compositora como en su labor como docente y en la participación en festivales y eventos musicales por toda la geografía española, además de ser miembro de la Associació Catalana de Compositors. Todo ello ha dado lugar a numerosas publicaciones y reflexiones, diversas colaboraciones con diferentes agrupaciones musicales, artistas, compositores y expertos de distinta índole, y aportaciones en el área de la creación y difusión de obras originales, que en conjunto ilustran una profusa aportación al enriquecimiento del patrimonio musical catalán.

Su labor investigadora y musicológica desde la perspectiva práctica de la composición musical ha sido compaginada con su experiencia docente, tanto en el campo de la arquitectura (como docente en la Escuela Técnica Superior de Arquitectura de Barcelona o como Profesora Invitada en la Escuela de Arquitectura de la UCLA o en la Escuela de Arquitectura de Languedoc-Rousillon de Montpellier) como en el campo de la música (por ejemplo, como docente del Màster en Art Sonor de la Universitat de Barcelona). En este sentido, Bofill combina su visión de la música y la arquitectura con una labor pedagógica y de investigación que abren un proceso de reflexión y nuevas vías de acción para futuros artistas, investigadores y expertos en dichas áreas. Todo ello le ha llevado a participar en numerosas actividades, congresos y encuentros de música contemporánea, con numerosas publicaciones en revistas especializadas y editoriales como Clivis, Dinsic, La mà de Guido, Periferia o Musica Studio, entre otras.

Así mismo, Bofill es en la actualidad una figura de referencia por su activismo feminista en favor de la revalorización de la figura de la mujer artista y la forma en ha sido obviada a lo largo de la historia. La compositora y arquitecta participará activamente de asociaciones como la Asociación de Mujeres en la Música o la International Alliance for Women in Music, y abarcará esta cuestión no sólo desde su posición como creadora (con una visión del arte ampliamente marcada por esta preocupación), sino también incentivando la reflexión y difusión, apostando por un modelo propio de la musicología feminista. Ejemplo de ello es su publicación *Los sonidos del silencio. Aproximación a la historia de la creación musical de las mujeres,* en la que enfoca sus esfuerzos en realizar un recorrido histórico que aborde algunas de las mujeres que han tomado parte de la realidad musical a lo largo de los siglos (Bofill Levi 2015).

Más allá de estas necesarias reflexiones y aportaciones teóricas, el enfoque feminista de Bofill se encuentra presente a lo largo toda su obra, mostrando a lo largo de su carrera artística una especial sensibilidad y preocupación en torno a este asunto, en parte por las circunstancias vitales que rodearon su contexto sociopolítico y cultural. En cualquier caso, cabe destacar que la investigación desde la óptica feminista en la obra de Bofill abarca más allá de lo exclusivamente musical, pasando a ser una cuestión central en sus estudios relativos a la arquitectura. Nuevamente, encontramos ejemplo de ello en sus trabajos con los movimientos urbanos de mujeres seminarios y talleres dentro del proyecto europeo «Las mujeres y la ciudad» (1996-2002), introduciendo variables de género en las áreas del urbanismo y la arquitectura, así como en investigaciones y publicaciones posteriores en el área de Urbanismo y Género.

6. Ideas finales

Esta síntesis introductoria nos acerca a la realidad creativa experimental de Anna Bofill, cuya obra requiere de un texto de mayor extensión para recoger todos los matices de sus obras, investigaciones, reflexiones e intervenciones, todas ellas de máximo interés desde la óptica de la musicología actual. En lo referente a la música electroacústica, se postula como una de los máximos exponentes de una generación de compositoras, con un catálogo con fuerte carácter individualista por su capacidad para aunar la visión de los referentes en composición contemporánea a nivel internacional (Xenakis, Nono...), el desarrollo y evolución de la experimentación en la música catalana a lo largo del siglo xx (Montsalvatge, Mestres Quadreny...) y la metodología y práctica propias del arte interdisciplinar; al mismo tiempo, se postula como una referente de todo ello en sí misma. Esta última cuestión será especialmente relevante, al ser capaz de aunar los mundos de la arquitectura y el sonido tanto en el planteamiento de sus obras musicales como en el diseño arquitectónico en sí mismo. Como consecuencia, electrónica, arquitectura, feminismo y reflexión son sólo algunos términos que se dan cita a la hora de analizar la visión artística y vital de Anna Bofill, que se erige como una de las principales puntas de lanza de la música contemporánea catalana.

Del mismo modo, su labor docente e investigadora ha permitido que todas sus experiencias y conocimientos hayan encontrado una vía de difusión, estableciendo así su propio legado y el de muchos otros compositores, lo que se traduce como un trabajo en favor de la difusión de la música contemporánea en general y catalana en particular. A su vez, su implicación en la aplicación de una musicología feminista para contrarrestar el silencio que ha rodeado la carrera artística de múltiples mujeres artistas a lo largo de la historia le convierten en una de las voces más informadas y autorizadas sobre esta materia, que impactará diametralmente en la recuperación del patrimonio musical histórico, cuestión tan importante como necesaria en favor de una musicología e historiografía completa y objetiva.

Referencias

Arranz, Ángel (2011): «Conversación con Andrés Lewin Ritcher», *Sonograma*. Disponible en: https://sonograma.org/2011/06/conversacion-con-andres-lewin-richter/ [consulta: 05/06/2023].

Barber, Llorenç y Montserrat Palacios (2009): *La mosca tras la oreja. De la música experimental al arte sonoro en España*. Madrid: Fundación Autor.

Blardony, Sergio (2012): «Conversando con... Anna Bofill», *Sul Ponticello*, 41. Disponible en: http://2epoca.sulponticello.com/conversando-con-anna-bofill-levi/ [consulta: 05/06/2023].

Bofill Levi, Anna (1975): *Contribución al estudio de la generación geométrica de formas arquitectónicas y urbanas* [Tesis Doctoral]. Barcelona: Escuela Técnica Superior de Arquitectura de la Universidad Politécnica de Barcelona.

Bofill Levi, Anna (2009): *Generation of forms. Space to inhabit, time to think*. Berlín: Deutscher Kunstverlag.

Bofill Levi, Anna (2015): *Los sonidos del silencio. Aproximación a la historia de la creación musical de las mujeres*. Barcelona: Ediciones UOC.

Cureses, Marta (2015): «La estructura-espacio en los proyectos de Anna Bofill: nuevos conceptos del arte sonoro en arquitectura», en Carles, José Luis y Núñez, Adolfo (dirs.): *Espacios sonoros y audiovisuales 2013: creación, representación y diseño*. Madrid: Autor-Editor, 172-186.

Franchini, Caterina (2021): «Resiliency in geometric aggregation and social connectivity: Anna Bofill Levi and the Taller de Arquitectura», en Magnaghi-Delfino, Paola, Mele, Giamperio y Norando, Tullia (eds): *Faces of Geometry*. 2.ª ed. Cham: Springer, 115-128.

García Karman, Gregorio (2014): «"Nosotros acabamos llamándolo una dicta-blanda". Interview with Andrés Lewin-Ritcher», *G. G. Karman*. Disponible en: https://info.ggkarman.de/node/197 [consulta: 05/06/2023].

Gómez Collado, Mª Carmen, Rafael Rivera Herráez, Macarena Trujillo

Guillén (2017): «Anna Bofill's use of mathematics in her architecture», *Nexus Network Journal*, 19, 2, 239-254.

González Virós, Irene (2006): «Anna Bofill Levi» [entrevista], *Quaderns d'arquitectura i urbanisme*, 250, 112-119.

Harley, James (2004): *Xenakis: his life in music*. Nueva York/Londres: Routhledge.

Lewin-Ritcher, Andrés (1998): «La música electroacústica en España (1998)», *Universitat Pompeu Fabra – Phonos*. Disponible en: https://www.upf.edu/web/phonos/arxiu/fons/electroacustica-a-espanya-1998 [consulta: 05/06/2023].

Martín Nieva, Helena (2012): «Número y género de dos términos: arquitectura y música, en Anna Bofill Levi», *Revista de crítica y teoría de la Arquitectura*, 23, 1, 57-68.

Rodríguez Antolín, Alejandro (2023): *Más allá de lo eléctrico: música electroacústica en España. Multimedialidad e interdisciplinariedad* [Tesis Doctoral]. Madrid: Universidad Autónoma de Madrid.

Sánchez, José Antonio (2006): «Teatros y artes del cuerpo», en José Antonio Sánchez (coord.): *Artes de la escena y de la acción en España: 1978-2002*. Cuenca: Ediciones de la Universidad de Castilla-La Mancha, 57-102.

Xenakis, Iannis. *Musique de l'architecture. Textes réalisations et projets architecturaux choisis, présentés et commentés par Sharon Kanach*. Marsella: Éditions Parenthèses, 2006.

Lo simbólico, lo matérico-sonoro y la construcción multi-nivel en la música de Olga Neuwirth: una aproximación desde la semiótica filosófica de la música

Marco Parmeggiani
Universidad de Málaga

1. La emancipación del sonido

Una de las tendencias dominantes en la música experimental de las últimas décadas, tanto en el ámbito *clásico*, como de la *popular music*, consiste en el trabajo con la materialidad en sí del sonido, desligada del finalismo que supone el estar destinada a ser plasmada por formas.

Lachenmann hablaba de «emancipación del sonido»[1,] de modo análogo
y como un paso adelante respecto a la «emancipación de la disonancia»
de Schönberg. *Sentir* la música es sentirla en su realidad sonora material. A pesar de ello, los diferentes estilos tradicionales y de las vanguardias del siglo XX siempre le han impuesto elementos externos y
ajenos, principalmente los que tienen carácter lingüístico-musical, sea
bajo uno u otro lenguaje. Para Lachenmann, ni siquiera la «Klangkom-
position» (Dahlhaus 1983: 82) del serialismo y post-serialismo, de
Boulez y Stockhausen, ni la música aleatoria de John Cage, consiguen
liberarse de esta «heteronomía» crucial[2]. En ellas la emancipación del
sonido se consigue hipostasiando la apriondad de la forma, frente a la
materialidad sonora, que queda como «el resultado de principios or-
ganizacionales constructivos o deconstructivos relativamente abstractos»[3] (el que esta forma sea aleatoria, o contenga un componente de
azar, aunque sea nuclear, no cambia nada). En cambio, Lachenmann
veía en el último Luigi Nono uno de los grandes impulsores de esta
«música concreta» en sentido amplio (no restringido al proyecto de
Pierre Schaeffer), que gustaba llamar «música instrumental concreta»[4]. Tanto el trabajo compositivo como la escucha se focalizan ahora
totalmente en la concretud de la materia sonora, y su valor estético
como materia. Es la inversión de las categorías tradicionales: la materialidad sonora ya no necesita de las formas para adquirir ser y valor

---

1   «La emancipación del sonido presentado acústicamente, respecto a su función compara-
tivamente subordinada en la música antigua, es uno de los logros del desarrollo musical
de nuestro siglo. [...] Esta liberación del aspecto acústico» (Lachenmann 1996 [1966]:
1) (en el presente trabajo, todas las traducciones de las publicaciones en otros idiomas,
salvo otra indicación, han sido realizadas por mí). Esta publicación es el fruto de las
investigaciones desarrolladas en el seno del *Grupo de investigación sobre filosofía de la
música, estética y pensamiento musical*.

2   «La emancipación del sonido [*Die Emanzipation des Klangs*] a través de la serie o de la
escuela de Cage fue de modo consistente el resultado de principios organizativos constructivos o deconstructivos relativamente abstractos: aquí la serie totalmente aplicada,
allá el azar totalmente rector» (Lachenmann 1975: 268).

3   *Ibid.*

4   «Musique concrete instrumentale», véase Lachenmann 1993: 211-212.

estético, y su cualidad artística no está en función de la forma que plasma, sino que pasa a ser y valer por sí misma.

Desde aquí se han abierto varias direcciones, que se han dividido en dos principales. O bien la materialidad sonora genera desde sí misma nuevas formas: las formas dejan de ser impuestas a ella desde fuera, pasan a tener una condición propia 'material'. 'Formas materiales' se contraponen así a las «formas formales» de la tradición, en la línea de aquella «morfología material de la música», que propuso Adorno (1963: 190-192). Esto puede ser en la modalidad de Stockhausen (inventar nuevo material para inventar nuevas formas)[5]; o en la modalidad del espectralismo, poniendo a la base la investigación físico-acústica. O bien, la materialidad sonora abandona la necesidad de la forma, de generar o adquirirla, y pasa a valer en la experiencia musical en su misma materialidad no-formada.

En cualquier caso, ambos caminos no son excluyentes, sino alternativas de trabajo que llegan a complementarse en muchos compositores. En la segunda vía, también hallamos el uso de ciertas formas, pero ya no es en función de sí mismas, sino como recursos para poner en muestra de una mejor manera lo sonoro en la diversidad y sutileza de su realidad material[6]. Y viceversa, las formas generadas desde la materialidad del sonido no terminan por absorberla, o sobreponerse a ella. Sea que, como en Lachenmann, la materialidad mantiene en todo momento una distancia y tensión con ellas: lo que se revela en que una y otra vez la materialidad desborda o deshace las estructuras que ella misma ha generado[7]. Sea que, junto a ello, esas estructuras,

---

5   Derivado del imperativo estético-compositivo: «Pensar apropiadamente el material: concordancia de las leyes de la forma con las condiciones del material» (Stockhausen 1953: 32).

6   Toda la música contemporánea se juega en la linde materia/forma, modos de traspasarla o instalarse en ella. También el uso de instrumentos matemáticos (Xenakis), como procedimientos formales exteriores a la materia, sirven para poner en muestra de mejor manera la materialidad sonora, o para generar nuevas formas sonoras de una hiper-complejidad análoga a las naturales.

7   Esta dialéctica está detrás de la diferencia del concepto central de «sonido estructurado», respecto al de «estructura sonora» (Lachenmann 1986: 77-78), por lo que componer es como «construir un instrumento» (79).

aunque sean «materiales» y hayan derivado de la misma materialidad, no son fin a sí mismas, sino que sirven para poner en muestra de manera más completa la materialidad de la materia sonora, como en Morton Feldman.

Se llamará 'matérico' a este enfoque del valor de la materialidad en sí del sonido, de su 'sonoridad'. La música de Olga Neuwirth presenta continuamente este trabajo con la pura materia sonora. Como veremos, la estructuración formal de sus obras es multinivel, pero esto no nos impide sentir en la escucha esta preeminencia de lo sonoro. Su aprecio por Nono y Lachenmann hace que uno de los focos de su trabajo compositivo vaya siempre dirigido a la emancipación del sonido. Así debe ser escuchado y sentido en sus obras: como sonido emancipado, en vista a «tener la experiencia de la materialidad del sonido», en palabras de Lachenmann (Heathcote 2007: 83). No sólo en su música de cámara o solista, como en *incidendo / fluido* o *Quasare / Pulsare II*. O para orquesta: *Clinamen/Nodus* o *Construction in Space*. Sino incluso allí donde se da una intensa mezcla de géneros, en la que el sonido se conjuga con otras dimensiones, visuales, corporales, etc., como en su música para el cine (la *Banda sonora* para el largometraje «Ich Seh Ich seh» de Veronika Franz y Severin Fiala, 2014) o *hecha* de cine (*Lost Highway (A Video-Opera)*, o en el «teatro musical», como *Bählamms Fest*.

También la importancia que Neuwirth le ha otorgado siempre a la interpretación implica que la realización material sonora de la composición tiene un papel crucial. Presenta dos modalidades. El trabajo directo con los músicos, que deriva de su experiencia personal como intérprete, así en el concierto en diciembre de 2007 con el ICI Ensemble[8]. O en producciones músico-visuales, tales como *Happenings*[9]. No

---

8   El ICI International Composers & Improvisers, de Munich, desde 1998, es una plataforma para actividades de networking en las áreas fronterizas del jazz y la música contemporánea en la tradición de colectivos de improvisación como Scratch Orchestra o Gruppo di Improvvisazione Nuova Consonanza. Grabado como «audio films» en *Neuwirth & ICI Ensemble: Who am I? - No more*, Neos 40807, 2009. *Cf.* Drees 2020: 170-171.

9   *Pisando ranas y arrancando cactus*, junto a Christian Scheib en la DAAD Gallery de Berlín en 1996 (Drees 2020: 174-175).

Lo simbólico, lo matérico-sonoro y la construcción multi-nivel
en la música de Olga Neuwirth: una aproximación desde
la semiótica filosófica de la música

para asegurarse la corrección y completud en la realización de un plan compositivo previo, sino para afinar y trabajar de manera más cercana e inmediata la materia sonora al poder disponer de su fuente directa. La otra modalidad es el trabajo directo sobre el espacio físico en el que se desenvuelve la realización sonora. Mediante la distribución de los instrumentos y medios electroacústicos, la materia sonora integra en sí misma la espacialidad física, y así adquiere grados exponenciales de materialidad (como veremos en *Le Encantadas*).

2. Invasión de lo simbólico

Al mismo tiempo que la música de Neuwirth nos lleva a la experiencia de la materialidad del sonido, no es esencialmente o sólo matérica, como en el caso de su compañera de generación Rebecca Saunders (McMullan-Glossop 2017). Ambas han sentido la necesidad de heredar de la generación anterior la depuración de lo sonoro de todo componente lingüístico-musical, su ruptura total con el ámbito de lo simbólico. Es la respuesta a una invasión de lo simbólico que en las condiciones sociales de las últimas décadas ha tomado unas dimensiones incomparables, con respecto a los setenta y ochenta, cuando Nono y Lachenmann se vieron apremiados. Ya no se trata sólo de la industria cultural, focalizada en la producción infinita de discursos simbólicos, en los que la imagen y la visualidad ha adquirido una función tan intensa como la palabra. Tampoco sólo de los *mass media*, y el aumento en la facilidad de su disponibilidad y su ubicuidad. En particular los medios informativos, cuya industria consiste en la sobre-información permanente sobre todo lo existente. No sólo aumentos en cantidad, sino saltos cualitativos: con las redes sociales, que llevan al individuo a vivir en una situación vital de hipercomunicación continua, sobre todo y con todos. Con la sobresaturación del discurso académico, debido a la hiperproducción actual espoleada por la meritocracia de las publicaciones científicas y los *rankings* de revistas. Nada de esto debe ser tomado en sentido apocalíptico, sino simplemente tomar acta del estado presente (el modo apocalíptico sería un modo encubierto de no hacerlo, de soslayarlo en el fondo): la situación en la que vive el individuo de un plus permanente de lo simbólico, de algo que en cada situación se le presenta como un inaudito exceso, el desbordamiento permanente de los límites, los umbrales, en esa capacidad simbólica que le es tan propia. En este *plus* de lo simbólico no sólo participan los lenguajes verbales, en su diversidad de modalidades, sino imbricados con ellos la imagen, la música, los gestos, la danza, la corporalidad... Desde las llamadas «bellas artes», a las artes menores. Todos han adquirido un intenso carácter lingüístico, fruto de un acrecentado proceso de «lingüistización», y que ahora se hace extensivo a todos ellos en un 'plus' de simbolización.

Esta hipersaturación de los lenguajes acaba por ser asfixiante para el individuo. Es una situación de sumersión completa en un océano de discursos simbólicos, que vuelve imposible la más simple proferencia en primera persona. El individuo se experimenta incapaz de formular una idea, frase, imagen, sonido, etc. sin que enseguida sea canalizado en las infinitas espirales de lo simbólico. Neuwirth, tanto como su colaboradora y amiga Elfriede Jelinek, padece esta situación actual como una auténtica asfixia. Su música, en gran parte, es un intento de hacer lo único que en principio cabe hacer con ello: conseguir *expresar el padecimiento* –pues incluso esto es extremadamente difícil bajo estas condiciones–[10.]

En pasajes de *Hommage à Klaus Nomi* o de su teatro musical, como en las escenas de *Orlando*, suele verse el uso de Neuwirth de la parodia y la sátira para romper con los estereotipos. Pero en un plano más profundo van dirigidas contra la hipersaturación simbólica misma: el efecto es el silencio, no solo un silencio a pesar y detrás de la invasión de lo simbólico, planificado por ella misma en esas escenas. Sino el silencio que es la fibra misma de esta hipersaturación de lo simbólico, desde el momento en que bajo ella todo discurso y lenguaje se

---

[10]   He tratado esta problemática en relación a Adorno en Parmeggiani 2022b.

Lo simbólico, lo matérico-sonoro y la construcción multi-nivel
en la música de Olga Neuwirth: una aproximación desde
la semiótica filosófica de la música

han vuelto opacos o mudos. En el exceso de comunicación, paradójicamente ya no pueden comunicar nada, quedan reducidos a puras estimulaciones asignificantes y aleatorias. Con el objetivo de producir un efecto de distanciamiento neto, el arte de Neuwirth no lo rechaza, no lo aparta (en el gesto de superioridad, «no me contamines»), sino que, *penetrándolo*, lo pone en evidencia en su desnudez (es un recurso análogo al de la pornografía en Jelinek, tan malentendido).

3. El problema de la recaptura de cualquier cosa por parte de los estereotipos

Ahora bien, a la conformación y tensión de esta situación contribuye además el problema de los estereotipos, estrechamente conectados, como su otra cara. La hipersaturación simbólica, acoplada a la hipercomunicación, genera de continuo los estereotipos que necesita para expandirse. Es un fenómeno que ya Adorno resaltaba en su análisis de la industria cultural: el acrecentamiento de la producción y circulación simbólica, si bien necesita la renovación continua de estereotipos, ésta no supone su ruptura, sino que es posible porque se renuevan sólo superficialmente, en su ropaje. El producto cultural, material o ahora cada vez más inmaterial, queda preso férreamente, en su trasfondo, por unos estándares o clichés repetitivos. A pesar de la apariencia de cambio, la hipersaturación simbólica no hace más que afianzar su estandarización, no romper con ella.

El problema de los estereotipos reside en su dinámica: como han puesto de relevancia numerosos autores, en la actualidad cualquier contenido musical, visual, plástico, etc., por muy novedoso, diferente y rompedor que sea, se convierte en estereotipo. Esto está incorporado como experiencia en el artista contemporáneo más riguroso: siente que, en cada momento, lo que puede plasmar, en cuanto es plasmado, objetivado, se transforma en un contenido estereotipado. Es una profunda experiencia de normalización, pero diferente de las antiguas modalidades[11.] Esta normalización actual no es rígida y no actúa por restricción; es completamente flexible –para adaptarse a cualquier contenido nuevo– y actúa por multiplicación y ramificación, pero no es menos estandarizadora. Hay una diferencia cualitativa, no de grado, entre esta situación y la antigua industria cultural. Mientras que ésta funcionaba por *expulsión* de los elementos no susceptibles de estereotipo, la actual actúa por *absorción*, buscando no dejar nada fuera, transformando cualquier elemento en cliché. Mientras que en la antigua, había contenidos y formas que, por su naturaleza, no podían ser utilizados como clichés, la nueva se ha deshecho de todo criterio que seleccione, y cualquier elemento puede ser adaptado sin dificultad, por muy provocador que sea. Es la experiencia que está de fondo en toda la música de Neuwirth, sin la cual no puede entenderse:

> Ya no es un camino a través de jardines lo que extravía al artista, sino la amalgama evidente de poder y economía, que ahora también se ha trasladado a sangre fría al campo del arte. [...] El éxito y el poder han hecho que los abismos del alma humana se arrastren fuera de sus agujeros y sólo clamen por lo popular, lo ya conocido y los eventos que producen efecto de manera instantánea. (Neuwirth 2006: 295)

Cada compás y cada momento sonoro es una respuesta a esta situación y a esta experiencia, como un situarse «tras el espejo»:

> Te sientes como Alicia que ha sido enviada de nuevo a tierras ex-tranjeras. Pero esta vez hay algo opresor, rebelde. *Detrás del espejo uno se encuentra con frases para las que nunca hubo ni habrá las palabras adecuadas. Las reglas de este nuevo país de las maravillas son complicadas, rígidas y opacas.* El paisaje tras el espejo ya no es inofensivo. (*ibid.*) [cursivas añadidas]

---

11   Lo he examinado con más detalle en Parmeggiani 2022b.

La consecuencia de ello es que incluso el programa estético que intenta depurar completamente lo sonoro de toda su carga simbólica, el trabajo musical con lo matérico, no puede evitar sustraerse a la invasión de los simbólico y a los estereotipos. La experiencia del componer y escuchar de Neuwirth está profundamente marcada por ello. En numerosas músicas acusmáticas, se pretende una escucha pura, que se ha limpiado de todo elemento simbólico. Pero incluso mediante una *epoché* fenomenológica, como en las piezas de Francisco López (Solomos 2019), esto es problemático. La materia sonora no puede evitar volver a ser investida continuamente por múltiples cargas simbólicas estereotipadas. El trabajo con los umbrales de las ínfimas variaciones sonoras, en todas sus dimensiones, rompe una y otra vez con los estereotipos en la misma percepción, ¿pero puede sustraerse efectivamente a su absorción subsiguiente bajo múltiples clichés, en los niveles superiores de metalenguaje? Esta problematicidad es un ineludible punto de partida para el hacer música de Neuwirth.

4. Contradicción de la situación actual

La situación actual es contradictoria. Todo se convierte en lenguaje, en proliferación desbordante de signos. Pero al mismo tiempo que todo lenguaje se vuelve completamente opaco, pierde toda capacidad de comunicación. Es una relación dialéctica, en que los dos aspectos son las dos caras opuestas de un mismo fenómeno. La proliferación desbordante esconde, tras la variedad, cuantitativa y cualitativa, una rigidez, opacidad e hipercomplicación artificiosa, que hacen imposible toda comunicación: «Las reglas de este nuevo país de las maravillas son complicadas, rígidas y opacas» (Neuwirth 2006: 295). A su vez, cuando los signos se vuelven opacos, esto permite la libre generación de los signos por los signos, como había resaltado Baudrillard, sin límite alguno externo al signo.

La crisis radical de la comunicación humana es uno de los principales aspectos de la experiencia vital en la que vive la compositora.

En el contexto austríaco, absorbe toda esa larga tradición desde principios del siglo XX en la que la única respuesta, a la toma de conciencia radical de la crisis de la comunicación humana, es el análisis crítico radical del lenguaje; desde el Círculo de Viena y Wittgenstein, a la Escuela de Viena, Franz Kafka, Thomas Bernhard y Elfriede Jelinek. Su cifra es *Wozzeck*: la crisis de la comunicación del ser humano contemporáneo, que es *crisis* de todo lenguaje, y *crítica* radical del lenguaje musical mismo. No es extraño que Alban Berg se revelara como un hipocentro en la última producción de Neuwirth, en la recomposición de *Lulu*. El sujeto ya sólo puede moverse entre los extremos de la afasia y la proferencia incontralada, bajo el imperativo moral actual de hiperactividad y goce: «Es necesaria esta proeza de fuerza para oponerse a las normas socialmente restringidas de 'tener que funcionar siempre' y 'tener que estar siempre alegre'» (Neuwirth 2006: 296).

Neuwirth expresa en música esta experiencia de que al mismo tiempo que todo se convierte en signo, imágenes, sonidos, gestos, cuerpos..., todo signo deviene opaco. Las cosas están perdiendo su entidad propia como cosas, su misma materialidad, para devenir puros signos (desde aquí hay que ver la cuestión actual de la hibridación realidad-virtual). Y los signos, desligados de todo lo externo, de cualquier elemento real, se vuelven completamente incapaces de expresar algo: «Como no puedo traducir concretamente en música *ninguna bella apariencia, ninguna meta, ningún deseo*, personalmente *sólo puedo componer el no poder llegar*, la vacilación ante la meta, ese miedo al comienzo definitivo» (Neuwirth 1998: 108) [cursivas añadidas]. La imposibilidad actual de la comunicación no consiste propiamente en que no hay comunicación, sino que en ella siempre hay un desfase, una dislocación entre lo comunicado y lo que el emisor quería comunicar. Respecto a ello, lo comunicado nunca coincide, pero no tanto porque sea un «fantasma», un «simulacro», como se tematizó en los años setenta. El simulacro contiene aún un elemento de variabilidad, y por tanto en sí mismo una posibilidad de liberación. Por tanto, ya no responde a lo extremo de la situación que vivimos. Lo comunicado son ahora «petrificaciones» mentales, con las que funcionan nuestros «cerebros petrificados», encubiertas en la vorágine de la hipercomunicación:

> Una y otra vez, tanto los artistas como los científicos tienen que tomar caminos imprevistos para abrir nuestros propios cerebros petrificados y los de los demás: es decir, con enfoques y formas de pensar no convencionales, así como con pasión y coraje, incluso hasta el fracaso, para desarrollar ideas y soluciones innovadoras para las ya existentes y encontrar los problemas que se presenten. (Neuwirth 2016: 12)

Luego el devenir opaco de todo lenguaje es el devenir opaco del mundo. Susanne Kogler presenta la música de Neuwirth como la más sentida reacción ante «la opacidad de un mundo que te deja sin palabras» (2020: 20). El último Deleuze hablaba sobre un único imperativo para el arte actual, un imperativo ético (ya no estético): volver a recuperar nuestra creencia en el mundo[12.] ¿Pero no parece cada vez más imposible, frente a este devenir opaco del mundo mismo? El mundo que deviene opaco es el mundo que se banaliza en los estereotipos y bajo la hipersaturación simbólica. Este mundo no deja lugar en el que creer en él. ¿Qué podría hacer la música para que el ser humano volviese a creer en el mundo? «Por supuesto que sé que [...] no podemos crear mejores personas con 'música contemporánea'. Desgraciadamente. Quizá sólo podamos reducir el odio... Nadie puede formular hoy un significado global. Es precisamente esta crisis de no saber adónde ir –que aparece en todas las disciplinas artísticas– el centro de mi interés» (Neuwirth 2006: 295).

Por todas partes, a los ojos de Neuwirth se impone la tarea de la recuperación del nivel simbólico en la música. El mismo Deleuze mostraba su necesidad en la forma de vida contemporánea:

---

12   «El hecho moderno es que ya no creemos en este mundo. Ni siquiera creemos en los acontecimientos que nos suceden, el amor, la muerte, como si sólo nos concernieran a medias. [...] Cristianos o ateos, en nuestra universal esquizofrenia *necesitamos razones para creer en este mundo*. [...] Pero la creencia no reemplaza al saber sino cuando se hace creencia en este mundo tal como es» (Deleuze 1985: 229-230) [traducción modificada].

No podemos dar marcha atrás. [...] en medio de todo eso hemos nacido, y con ello debemos debatirnos. No en el sentido de un momento necesario, sino en el sentido de un instrumento para el que hay que inventar un uso nuevo. *Sólo a través de la pared del significante podremos hacer pasar las líneas de asignificancia* que anulan todo recuerdo, toda referencia, toda posible significación y toda posible interpretación previa. (Deleuze-Guattari 1980: 193) [cursiva añadida]

Frente al pensamiento de lo matérico que, como vía de fuga, persigue la depuración de todo componente sígnico, y la reducción del signo musical mismo a su pura realidad sonora material, junto a la pura materialidad de las palabras y las imágenes.

Esta necesidad ya había sido asumida por la generación anterior, en la «nueva simplicidad», bajo la forma de la recuperación de la subjetividad y la expresividad. Pero si ya Wolfgang Rihm no renunciaba al trabajo con la materia sonora en sí[13], tampoco Neuwirth. En ambos hallamos una intensa implicación con la estética de lo matérico, que se revela en la escucha atenta. Mas ambos la integran como nivel en una conformación musical más compleja, pluridimensional; aunque efectuada de modos diferentes. Muchas piezas de la austríaca pueden tener rasgos de la nueva simplicidad, pero estos rasgos se ven desbordados por la necesidad de responder a la más reciente situación vital.

5. Constructivismo multi-nivel

El término «simbólico» no debe ser malentendido. En el marco teórico de una *semiótica filosófica de la música*, el sentido más general del término

---

13   «Debussy fue sin duda uno de los primeros en entender el resonar [*das Klingen*] como lo esencial en la música: el lenguaje sonoro de la música, no la forma, ni la melodía, ni ninguna otra cosa, sino el propio movimiento del sonido» (Rihm 1983: 69). Así hay que entender su concepción de la materia sonora como objetos sonoros (*Klangobjekte*), signos-sonoros (*Klangzeichen*), y escritura sonora (*Klangschrift*), en obras como las series *Chiffre* (1982-1988), o *Klangbeschreibung* (1987), véase Rihm 1988: 343.

Lo simbólico, lo matérico-sonoro y la construcción multi-nivel
en la música de Olga Neuwirth: una aproximación desde
la semiótica filosófica de la música

clasifica aquel tipo de lenguaje en que signo y referente guardan entre sí una «relación simbólica». Es decir, no-natural: no deriva de la naturaleza del signo y del referente (como el caso clásico del humo y el fuego), sino que es «convencional». El caso paradigmático es el lenguaje verbal, pero que no debe ser instituido, como suele hacerse, en modelo único o principal[14].

Así, la recuperación del nivel simbólico no puede ser monolineal, no se trata de recuperar simplemente la lingüisticidad de la música, bajo el fin de la expresividad, como en tantas músicas neotonales, manifiestas o encubiertas. La pérdida es irremediable e insoslayable. Todo intento de recuperación no puede evitar terminar sonando, tras las estimulaciones transitorias, a *fake* y banal. Neuwirth siente que no hay otra vía más que conformar la música en varios niveles o estratos[15]. Así debe la escucha abordar sus obras para que no parezcan meros mosaicos o el resultado de «una manía más o menos pronunciada por el coleccionismo, el cotejo y el asombroso montaje de lo encontrado, en el caso de Neuwirth hasta el revoltijo, como en un gabinete de curiosidades» (Schröder 2007: 306).

Adorno diagnosticaba nuestra época como época de crisis de la forma. Los *topoi* y el lenguaje musical garantizaban la unión de la forma mediante la concordancia entre lo particular y lo universal, entre forma y contenido, que de todos modos era una unión de tensión, irresuelta siempre[16]. Con la crisis de esos patrones y del lenguaje musical, compartidos socialmente, esa tensión aflora a primer plano, es evidenciada en sí misma en la obra musical. Esto

---

14   En Nelson Goodman o Jean-Jacques Nattiez hallamos ensayos de comprender la música como lenguaje simbólico (Bowman 1998: 198-250). Pero la semiótica filosófica que está aquí de fondo tiene unas bases crítico-epistémicas muy diferentes, y toma su punto de partida más bien de Nietzsche y su tesis sobre la música como «lenguaje de signos de los afectos», *cf.* Parmeggiani 2019 y 2022b.

15   «Lo que inmediatamente caracteriza a una obra como una de las obras de Neuwirth es la anidación de diferentes niveles, lo que no solo convierte la escucha en un evento acústico, sino que abre espacios de memoria, lo quiera o no» (Preiner 6 de noviembre de 2012).

16   Acerca de esta cuestión, se debe recurrir a los avances del último Adorno (1966).

requiere un experimentalismo, que, como mostraba Dahlhaus, perdería su razón de ser si renunciase al constructivismo y a la complejidad (Dahlhaus 1983: 82)[17]. Es bajo estos parámetros que hay que escuchar y entender la música de Neuwirth. Exige una configuración compleja pluridimensional, en que los diferentes estratos no se integran llanamente en unidades mayores, verticales u horizontales. Como veremos, son estratos o niveles autónomos, que están desencajados entre sí, rechinan, colisionan y se repelen. A la escucha se le presenta como una ampliación del concepto de «disonancia». La «emancipación del sonido» se revela como otra modalidad de la «emancipación de la disonancia», que desde las alturas sonoras se extiende ahora a las dimensiones y componentes estructurales, bajo la forma de una *disonancia estructural*. La pieza se desenvuelve en procesos de aumento/ disminución, continuos/ discontinuos, de esta disonancia estructural.

Esta es la razón por la cual la primera impresión que causa la música de Neuwirth es de desmontaje o desconstrucción, sin ser propiamente su objetivo primordial, como veremos en *Le Encantadas*. Pues ligadas a las experiencias mencionadas con el nivel simbólico, en su música hay una conciencia meridiana de que es imposible resistir a la hipersaturación simbólica y los estereotipos meramente con procedimientos negativos, como han perseguido y persiguen tantas corrientes en las últimas décadas.

6. El galerismo

El constructivismo es así experimentado como una necesidad vital, no hay otra vía, si se quiere romper con las expectativas coercitivas del público, tanto en cuanto al papel del compositor como a la cuestión de género.

La hipersaturación y los estereotipos derivan de subordinar completamente toda producción, simbólica y material (de los cuerpos), a

---

17 Imprescindible base teórica para cualquier discurso sobre la «música experimental».

Lo simbólico, lo matérico-sonoro y la construcción multi-nivel
en la música de Olga Neuwirth: una aproximación desde
la semiótica filosófica de la música

la «galería», la perspectiva puramente receptiva del público, que Neuwirth conecta enseguida con el problema de la mercancía. Siente esta permanente proyección externa como una situación extremadamente coercitiva sobre sí misma, como compositora *y* mujer:

> Como compositora independiente e itinerante, dependo completamente de la buena voluntad de quien toma las decisiones. Y siempre había otra palabra que se me asignaba con más frecuencia: "Esa mocosa insolente". Eres descarada cuando no tienes derecho al poder. Quien le dice "descarado" a un hombre (joven), es más bien un "hombre salvaje", y "salvaje" significa que uno es respetado, que uno exige prestar atención a este hombre. Porque visto jerárquicamente, se es "insolente" sólo de abajo hacia arriba. Eso significa que si quieres deshacerte de una mujer traviesa, es mejor que los 'chicos salvajes' la eliminen irrespetuosamente. (Neuwirth 2015: s. p.)

El incidente de Neuwirth y Jelinek con el proyecto de una ópera sobre *Don Giovanni* es sintomático de la situación de la creación que no se vende y de la mujer en el mundo actual. El encargo previsto inicialmente para el Festival de Salzburgo de 2006 fue rechazado una y otra vez durante cuatro años, y finalmente descartado, sin más explicaciones serias:

> Cuando me quitaron la ópera, realmente tuve problemas con mi sustento, caes en un vacío pecuniario. La composición de una ópera tiene que programarse para dos años, no puedes aceptar otra cosa, y por eso había cancelado todos los demás proyectos. Así ocurrió con Mozart, ¡y nada ha cambiado hasta hoy! Además, a las mujeres que piensan por sí mismas no se las toma en serio. Hay que deshacerse de ellas. Para mí, todo lo que sea hablar de cambios con respecto al siglo XVIII es cinismo. Por supuesto, se presenta de forma diferente, pero los mecanismos son los mismos. (Gruber 2006: 26 y 28)[18]

---

18   «Que me echaran hace trece años con el maravilloso libreto de Elfriede Jelinek para una

Por ello, el publicitado acontecimiento de ser la primera mujer, con *Orlando*, en estrenar una ópera en la *Wiener Staatsoper*, es sólo un *procedimiento de enmascaramiento*[19]. Los discursos y la promoción contra la discriminación de género sirven en realidad para ocultar la persistencia de las jerarquías estructurales:

> Seguimos en un sistema hegemónico en el mundo de la música clásica, que sigue siendo blanco, masculino y patriarcal. [...] Es cierto que a veces se permite que contribuyan algunas mujeres. Pero en general, como mujer luchadora que quizá también rechaza sistemáticamente las imágenes falsas y las narraciones embellecidas de la vida y el arte, no se la toma realmente en serio, sino que más bien se la desprecia. En cualquier caso, la historia de mi componer es también la historia de cuestionar constantemente el componer de una mujer. Y eso es agotador. (Neuwirth 2015: s. p.)

Por eso la hipersaturación simbólica (la hiperproducción de publicaciones y la hipercomunicación) no es el bello paraíso futuro publicitado tantas veces, sino un problema cada vez mayor: permite neutralizar cualquier discurso crítico; siempre puede ser tolerado y hasta subvencionado, porque siempre se le puede replicar, dándole la vuelta:

> Creo que se ha vuelto más mezquino. Hay un chovinismo más elegante. Ya no se puede señalar los problemas directamente, tan

---

nueva ópera –y la obra fue encargada, no nos colamos entre los directores– me resulta aún hoy inconcebible. Nadie en toda la industria musical se solidarizó, a pesar de que el encargo ya había sido publicitado varias veces. El incidente fue inmediatamente barrido bajo la alfombra como si no hubiera existido» (Neuwirth 2015: s. p.).

19   «Pero para que algo cambie de verdad –y espero que algo cambie estructuralmente de una vez, porque de lo contrario nos pasaremos años hablando, y de nada sirve hablar si la otra parte no quiere reaccionar en absoluto–, *estos premios y subvenciones no son más que meras apariencias*. No creo que cambie el sistema. Y lo importante sería conciencar de que algo tiene que cambiar de verdad. Después de todo, ¿dónde están las muchas compositoras que se presentan internacionalmente en grandes escenarios?» (Neuwirth 2015: s. p.) [cursiva añadida].

Lo simbólico, lo matérico-sonoro y la construcción multi-nivel
en la música de Olga Neuwirth: una aproximación desde
la semiótica filosófica de la música

obviamente como se podía hacer conmigo en los años de plomo de finales de los ochenta. Cuando las mujeres señalan sus quejas hoy en día, lo que suele ocurrir es lo siguiente: se tacha de histeria y de "the Empire strikes back". A una simplemente se le echa sin explicaciones ni discusiones y se la etiqueta como adversario. (Neuwirth 2015: s. p.)

A diferencia de otros compositores, para hacer frente a esta situación Neuwirth no opta por eliminar o sustraerse completamente a la galería, sino por asumir el papel por entero, y llevarlo mucho más allá de los límites admitidos socialmente. La auto-presentación de la autora, en y en torno a su música, es un constituyente esencial en ella: «ninguna otra compositora ha concedido tantas entrevistas como Neuwirth, y no hay ninguna otra compositora contemporánea –ni ningún compositor– en el que se repitan tan notoriamente los elementos biográficos, se discutan tan a fondo los rasgos de carácter y una recepción que parece problemática» (Ender 2020: 187). Si en pocos compositores el elemento autobiográfico está tan presente, es habitual que al final las declaraciones sean contradictorias. No por mor de contradecir, o hacer efecto, sino de poner en muestra pública una complejidad que no encuentra encaje en los estándares. Por ejemplo, plasmar la propia experiencia autobiográfica en un álbum de fotografías, como *O Melville!* (Ivanovic 2020). La compositora recorrió Nueva York arreglada como Herman Melville y se hizo fotografiar en diversas plazas y esquinas, en el metro, junto al mar en Long Island, en un acuario o en el Museo Metropolitano. En parte irónicas o paródicas, pero también plasmación de experiencias personales, un trasfondo que está detrás de muchas obras suyas como *The Outcast* o *Le Encantadas*. La estructura multinivel de las obras implica tanto un intenso poliestilismo, como ese juego desacerbado con la propia auto-exposición.

El juicio de los críticos a lo largo del tiempo, sin quererlo, se ve enredado en ello. Se ven reducidos a la incapacidad de «emitir juicios que fueran más allá de la articulación de un "entremedio" casi incomprensible» (Ender 2020: 186). Stefan Drees ha utilizado la figura «entre las sillas» para representar la dificultad de establecer una localización estilística y estética de la obra de Olga Neuwirth (Drees 2008). «Entre las sillas» describe un no-lugar, la imposibilidad de un asentarse, pues asentarse es hacerlo siempre en los moldes pre-establecidos. Pero designa también esa conformación tan particular de la obra musical en una pluralidad de estratos «disonantes» o dis-cordantes. El resultado para la escucha no es la apertura de varias posibilidades de «situarse» en la obra, el puro juego con perspectivas sonoras. El multinivel tiene como objetivo, en cambio, «de-situar» completamente la escucha, obligarla a ese no-lugar[20].

Aquello que decía Adorno, de que los críticos con la nueva música son más iluminadores, que sus fans, en la época de la hipersaturación simbólica es más aplicable que nunca. Por ejemplo, el efecto que describe la crítica negativa, sólo cabe entenderlo con el signo cambiado, como a propósito de *Hommage à Klaus Nomi*, recomposición de nueve canciones del cantante pop Klaus Nomi, montada como teatro musical:

> *Una perturbación*. El cansancio se convirtió en música. Una obra de arte total, mitad desganadamente, mitad amateurmente desmantelada. Crujido de vergüenza y repiqueteo de bofetadas al mismo tiempo. [...] *Una decepción preprogramada*. Al menos para aquellos festivaleros y amigos de la corriente que no quieren ni investigar qué significa *cuando un compositor tan reputado se niega a sí mismo tan descaradamente*. (Lemke-Matwey 2008: s. p.)[21]

Nada tan gráfico como el lapidario sintagma «Una perturbación» (*Eine Verstörung*) expresa el ánimo bernhardiano de Neuwirth. Y tan bien clarificado con los siguientes. El objetivo de fondo en su música

---

20 «El evadirse, eso es lo que en realidad siempre he intentado hacer en todas mis obras, porque no quiero que me encasillen. Lo que a su vez, al menos en mi caso, ha llevado a que no se me pueda clasificar, y por eso dicen: 'Con ella nunca sabes lo que te va a tocar'. Como si lo diferente no tuviera calidad» (Neuwirth 2015: s. p.).

21 Crítica del estreno de la segunda edición reelaborada de la obra, de 2007/2008 [cursiva añadida].

Lo simbólico, lo matérico-sonoro y la construcción multi-nivel
en la música de Olga Neuwirth: una aproximación desde
la semiótica filosófica de la música

no es transgredir, romper, desconstruir, parodiar, satirizar, sino algo mucho más elemental y primario: *decepcionar*. Pero esto ya es mucho, mucho más de lo que *parece*. Decepcionar es no responder sin más a las expectativas estandarizadas que están generando sin cesar los discursos simbólicos. Como aquel simple «preferiría no hacerlo» de Bartleby el escribiente, a los ojos de Deleuze. Es no ir a favor pero tampoco en contra. Decepcionar implica a un mismo tiempo una expectativa y no responder a la expectativa. Por ello, no es que Neuwirth renuncie completamente a aquellas dimensiones que puedan hacer atractiva su música, al contrario. En muchos momentos tiene una capacidad fuera de lo común para ofrecerse en su sensualidad y capacidad de emocionar. Pero crear «magia» para luego romperla. Esa fabricación de magia hacia la que están tan volcados los medios actuales de la cultura y su hipersaturación simbólica. Lachenmann añadía: ni siquiera ser *interesante*, hacer una obra interesante es ya de entrada convertirla en estereotipo, banalizarla. «Crear magia es muy fácil. Muchos compositores lo hacen. Sólo tienen que ir al supermercado mágico, comprar un tam-tam, un glissando, un cluster, o ciertos componentes electrónicos... Es una especie de *agenciamiento* de situaciones mágicas. Y la gente dice que es interesante. ¡Pero "interesante" es igual a "aburrido"! No quiero escuchar cosas interesantes: quiero que me sacudan. *Los sonidos deben pensar. Las mejores piezas te perturban*» (Heathcote 2007: 87).

Esta es la manera en que Neuwirth impone a la escucha musical las mayores exigencias. Que la receptividad pasiva, dominante en el consumidor del mercado cultural, se vea presionada a invertirse en su contrario. «La música no es sólo composición. No es artesanía, no es oficio. *La música es pensamiento*» (Nono 1985: 426) [cursiva añadida]. Si, como veremos, remite una y otra vez a Luigi Nono, es porque lo esencial es esto, la música como ejercicio de autorreflexión: «[...] tener personas conscientemente pensantes que piensen por sí mismas, como oyentes que ven en la música y en el arte en general el reflejo de la persona buscadora». El arte debe ir dirigido a «la *persona buscadora*, la que está decidida a captar lo habitual, a superar el dominio ciego y a aventurarse en lo desconocido y, por lo tanto, es más abierta y tolerante con su entorno» (Neuwirth 1998: 107-108). «Por supuesto, el escuchar y oír de verdad suele empezar con una vacilación. Cuando nos enfrentamos a nuevas exigencias y retos, nunca estamos totalmente en nuestros sentidos. Pero de eso se trata para mí, de una puesta en cuestión inteligente de los sentidos». Es la *música como desafío*, que, desde una semiótica, acopla al nivel simbólico de primer orden, un nivel meta de segundo orden para expresarlo. Lo que no supone desvanecer la diferencia esencial decir/mostrar: más bien, sin decir, sólo *mostrar* al oyente, con sus medios musicales, la perentoriedad de «dejarse irritar para estimular el pensamiento» (Neuwirth 2006: 294).

7. La construcción multinivel en el caso de *Le Encantadas*

Esta construcción multinivel presenta diversas modalidades en la obra de Neuwirth. Ante todo, en función de la variedad de géneros musicales cultivados por ella: teatro musical u ópera, orquestal (con solistas), para conjunto, música de cámara, música vocal, para instrumento solo, obras de radio, música para teatro, música para películas y películas, e instalaciones/ exposiciones/ representaciones. Esta tipología presentada por la autora misma no es de todos modos una compartimentación, sus divisiones son desbordadas continuamente en cada obra, se mezclan géneros y medios. Los niveles simbólicos están presentes de por sí en el teatro musical, desde *Bählmms Fest*, hasta *American Lulu* y *Orlando*[22.] Pero nos parece más significativo en obras de otros géneros, para orquesta, solistas o conjuntos instrumentales, que al mismo tiempo traspasan sus ámbitos. Por ejemplo, *Le Encantadas o le avventure nel mare delle meraviglie* (2015), una obra mixta, clasificada como música para conjunto, pero propiamente para seis conjuntos

---

22   «Las óperas de Neuwirth se caracterizan por diferentes niveles de percepción y una estructura compleja de relaciones entre el pasado, el presente y el futuro, así como estructuras espacio-temporales complejas, y la interacción de actuaciones en vivo, proyecciones y transmisiones de películas» (Janke 2020: 42).

Lo simbólico, lo matérico-sonoro y la construcción multi-nivel
en la música de Olga Neuwirth: una aproximación desde
la semiótica filosófica de la música

instrumentales distribuidos en el espacio, *samples* y electrónica en vivo. Su estructura se articula en al menos seis niveles, de los cuales cuatro son niveles simbólicos.

7.1. *Nivel simbólico A: Melville - Las Encantadas, Nono - Venecia*

El nivel simbólico A lo conforman las referencias literarias y autobiográficas: la novela corta de Hermann Melville, sobre el archipiélago *Las Encantadas (Galápagos)*; y Venecia, y la música de Luigi Nono (*Prometeo*).

En el primer aspecto, este nivel surge de la incorporación, en la obra musical, del nivel simbólico de la novela, se configura en conjunto como «una novela de aventuras ficticia a través de diversos efectos sonoros espaciales»[23]. Frente a la estética de lo matérico, una neta recuperación de lo narrativo en música. Este nivel simbólico se mantiene en todo momento, porque en cuanto novela de aventuras, conformada en puridad «a través de diversos efectos sonoros espaciales», se presenta a sí misma como «ficticia»: ficción que remite a otra ficción, y así la eleva a una segunda potencia.

Pero la novela corta de Melville está compuesta de diez esbozos filosóficos en forma de diario. Como la novela del siglo XX (Kafka, Musil, Joyce, Beckett, etc.) ha enseñado, lo narrativo no supone siempre la estructura lineal tradicional, la forma narrativa deviene múltiple[24]. Por tanto, esta «novela sonora» es ficticia también porque no se presenta hecha y acabada, no se ofrece como una obra completada previamente. Como veremos, el oyente-público puede y debe construirla en la escucha de múltiples formas, siguiendo múltiples caminos. Remite así a una imagen favorita de Neuwirth, la del viaje nómada: «A este material personal y amplio se añade la idea de nomadismo, de viaje, que yo describiría musicalmente como viajar, como vagar por diferentes

---

23   «Es ist in übertragenem Sinne ein fiktionaler Abenteuerroman durch vielfältige Raumklangwirkungen hindurch» (Drees 2015: s. p.).

24   Sobre la crisis de la narratividad en el origen de la novela contemporánea, *cf.* el sugerente estudio «Pobreza de experiencia y narración. Un paseo por los alrededores de Walter Benjamin» (Barrios Casares 2022: 67-82).

paisajes sonoros: uno pasa por diferentes tipos de paisajes sonoros, mundos sonoros y timbres que están cargados de ciertos significados o recuerdos. [...] "Islas Solitarias" [...] no como algo fijo geográficamente, sino como espacios imaginarios y mitológicos» (Drees 2015: s. p.).

Esta novela de aventuras puede ser compuesta y re-compuesta de múltiples formas gracias a que Neuwirth la conforma como «teatro sonoro», *teatro de la escucha (Hörtheater)*, un concepto composicional fundamental en su programa estético:

> Porque a menudo se trata de algo que pasa en la música y que posiblemente evoca asociaciones en el público, pero que propiamente no es contado. Se suscitan ideas, se puede crear en la mente una historia que es individual para cada oyente. Todo es como un gran laberinto a través del cual encontramos el camino por nosotros mismos. "Le Encantadas" es ese teatro de la escucha, que en este caso se entiende ciertamente como un tipo de teatro musical pero sin tema, en el que nosotros mismos creamos una historia escuchando. (Drees 2018: s. p.)

Más allá, a un nivel de segundo orden, metasimbólico, Melville proporciona además el marco simbólico para la imagen del modo de componer, y del trabajo con el material y con la estructuración de la obra. El planteamiento compositivo recogido en este nivel simbólico es incorporado así en la obra misma:

> Precisamente esta heterogeneidad es lo apasionante de Melville; por eso fue atacado en vida. Con su forma de escribir, eludía un único género. Por eso no se le podía encasillar y causaba irritación, lo que llevó a colegas y críticos a negar su capacidad. [...] La naturaleza de este libro siempre se ha correspondido con mi idea de componer: *trabajar con material heterogéneo y, como en "Le Encantadas", elegir distintas duraciones para distintos procesos sonoros, porque el esfuerzo de mis reflexiones siempre se dirigía hacia nuevas formas.* (Drees 2015: s. p.) [cursiva añadida]

Lo simbólico, lo matérico-sonoro y la construcción multi-nivel
en la música de Olga Neuwirth: una aproximación desde
la semiótica filosófica de la música

En el segundo aspecto, la imagen de la ciudad de Venecia alude a muchas más cosas: su «larga experiencia» con la ciudad (de los años que estuvo viviendo en ella), la fascinación por las «ciudades junto al mar», la «incomprensibilidad del mar mismo», y el amor por la arquitectura. Neuwirth asistió al estreno en la Chiesa di San Lorenzo del *Prometeo* de Luigi Nono, experiencia que desencadenó su convencimiento de dedicarse a la composición (Drees 2015: s. p.). Esta «tragedia de la escucha» está profundamente envuelta con la arquitectura; Renzo Piano diseñó la sala para el estreno desde un punto tanto visual como acústico. Mucho antes que Béla Bartók y *Carré* de Stockhausen, desde la época de la policoralidad de Giovanni Gabrieli (Kühn 1998: 325), Venecia evoca la profunda imbricación entre música y arquitectura: el convencimiento de que la arquitectura, tanto interior a la música, como exterior a ella –el lugar en que se despliegan los sonidos– configura la música por dentro: «Me fascinaba el tema "architettura e musica a Venezia" y que Jacopo Sansovino y Andrea Palladio tenían muchos amigos musicales con los que discutían problemas acústicos, o que Leon Battista Alberti y Palladio siguieron el consejo de Vitruvio y usaron cornisas o molduras de techo en sus edificios de iglesia, construidos para hacer más comprensible la acústica de las actuaciones corales» (Drees 2015: s. p.).

7.2. *Nivel simbólico B: la Chiesa y las grabaciones de campo*

El nivel simbólico B de la obra está formado por las referencias a la Chiesa di San Lorenzo y por las grabaciones de campo. «Cuando un día, en uno de mis muchos paseos después de componer, de repente vi que la iglesia estaba abierta y me permitieron entrar, esa fue la chispa inicial para desarrollar un proyecto. [...] Esta iglesia especial, extremadamente alta, con el altar en el medio de la sala, lamentablemente se deterioró y ahora es inaccesible nuevamente. Me desafió, por así decirlo, con su belleza (acústica) a preservar su acústica especial. ¡Así que básicamente algo así como la preservación acústica de los monumentos!» (Drees 2015: s. p.). A lo largo de sus 73 minutos la obra remite continuamente a la imagen del edificio y a su arquitectura, tan diferente de la sala de conciertos. Esto lo consigue, como veremos en el nivel arquitectónico, mediante una minuciosa y compleja reconstrucción de la acústica de la Chiesa en la sala de conciertos. Por su parte, las grabaciones de campo evocan la ciudad de Venecia en su materialidad sonora. Puede oírse, incluso antes de que los músicos tomen asiento, el sonido del agua de los canales, de los barcos a motor, de voces y campanas, que cambian según la ubicación del oyente: «Esta vez fue importante para mí utilizar grabaciones de campo de la laguna de Venecia y de la ciudad de Venecia, de las cuales he hecho innumerables desde 1997, como "piezas radiofónicas"» (*ibid.*).

Se ha hablado de «medios naturalistas» (Masek 20 de noviembre de 2017), pero la conexión es siempre simbólica: para la escucha no hay ninguna relación directa entre estos eventos sonoros, y las imágenes expresadas. Podrían ser reconstituciones acústicas y grabaciones de muchos otros espacios físicos-sonoros. Así se genera una apertura o indeterminación simbólica: a la vez que la Chiesa y la ciudad de Venecia en un día de calma, evocan cualquier otro edificio parecido y cualquier ciudad junto al mar. La indeterminación permite, yendo mucho más allá de su realidad inmediata, que Venecia se experimente como un símbolo. Y reúne en sí toda una serie de elementos y directrices que estructuran la forma misma de la obra.

7.3. *Nivel simbólico C: la vocalidad*

Un tercer nivel simbólico está conformado por cierta clase de vocalidad. La lingüisticidad de la música siempre ha estado ligada al lenguaje verbal, por la mediación de la música vocal, desde los inicios de la música occidental en la Antigüedad. La emancipación de la música instrumental fue una conquista alcanzada poco a poco entre finales del XVIII y el XIX (Polo 2011). Pero tras su desarrollo con la emancipación del sonido en el siglo XX, la introducción de la voz es ahora ya siempre problemática. No hay cliché mayor que la voz en música: su naturaleza simbólica enseguida pasa a convertirse en lingüistización, y ésta en estereotipo. Que el manifiesto político sólo pueda ser transmitido, paradójicamente, mediante el desmontaje de su propio discurso, es un requisito desde *Il canto sospeso* de Luigi Nono.

Es verdad que en numerosas ocasiones Neuwirth reivindica que, como discurso político, debe ser claro, comprensible, directo *como* discurso[25], para decir cosas que la música no dice. No porque la música no pueda, sino porque dice *otras* cosas, no menos importantes. Pero esta «novela ficticia de aventuras» es un paso más allá, no adopta la forma de una ópera, ni siquiera la forma propia de teatro musical, sigue una vía alternativa: «Por esta variedad de voces, *Le Encantadas* es también para mí una especie de teatro musical, pero bajo la modalidad de "un *teatro de la escucha imaginario*"» (Drees 2015: s. p.). Sería, más bien, como el complemento de sus óperas y teatros musicales. A este teatro de la escucha imaginario, no le hace falta la transparencia de la vocalidad y del discurso verbal. Necesita romper una vez más con ella, para evitar el cliché de los conjuntos instrumentales algo así como recogidos y arropados por la voz.

Por tanto, a diferencia del material sonoro instrumental de la obra, la vocalidad se sitúa del lado opuesto, el de las grabaciones de campo. Despojada de toda naturalidad, no surge de la interpretación humana en vivo: aparece ya siempre mediatizada, artificializada. De dos modos: grabando previamente las voces, o generándolas por ordenador.

El primero se distribuye por toda la obra bajo dos modalidades. Textos recitados por voces pregrabadas: la invocación «We, the

---

25   «Así pues, los libretos de Neuwirth se diferencian claramente de los que producen principalmente "espacios textuales", como me gustaría denominarlos, que rechazan por completo las estructuras narrativas, se constituyen a partir de la combinación, confrontación e interacción de partículas textuales heterogéneas, a menudo desvinculadas de sus contextos históricos (desde la antigüedad hasta el presente) y pretenden una multiplicación del significado. Aunque los libretos de Neuwirth tratan siempre de la producción de polivalencia y apertura, y de hecho la producción de polivalencia y apertura es una máxima fundamental de su teatro musical, todos los textos utilizados tienen su función claramente reconocible en un contexto global en el que siempre hay también un "hilo rojo", como dice Neuwirth a propósito de *Bählamms Fest*» (Janke 2020: 41).

Wanderers» con la que empieza el prólogo (7'03" p. 3 c. 16); cuatro textos que se solapan en la Isola IV (44'16" p. 99 c. 464); y la invocación retomada en el Epílogo (68'54" p. 165 c. 771), que sirve para dar una sensación mínima de cierre de la obra. Y canto vocal sin palabras pregrabado, en el «Interludio voci»: tras una introducción instrumental (35'28", p. 86 c. 374), alternando con los grupos instrumentales, se prolonga hasta el final de la sección.

El segundo modo se concentra en la Isola V, «la solitaria», en la que culmina la obra: «la isla como un mundo de imaginación, como en la literatura fantástica. Hay un 'momento surrealista' donde todo se vuelve más artificial. La 'isla solitaria' proporciona el doble de todos los instrumentos y voces. Un doble impermanente, separado de lo real porque no mantiene su solidez» (Drees 2015: s. p.). Adopta a su vez dos modalidades. Primero (60'05", p. 150 c. 675), como voz hablada generada por ordenador, «declaraciones que recopilé de jóvenes en Nueva York –lo que es importante para ellos, lo que les preocupa– y que fueron reproducidas a través de la voz digital de mi ordenador Apple como un recordatorio personal del procesador de señal digital que salió en 1978 "Speak & Spell", que me regalaron en ese momento» (*ibid.*).

La segunda modalidad consiste en el canto generado directamente con medios digitales. Aparece en el momento culminante de la composición, (62'37", p. 156 c. 704), tras una introducción formada por una sucesión de *samples* electrónicos ascendentes. Es un canto digital que había trabajado ya desde 1992 en el proceso de composición de *Bählamms Fest*: «un cantante que resulta ser sólo una "proyección tridimensional" [...] Para esto escribí una canción para la voz digital Vocaloid de Hatsune Miku –el productor japonés la llama "una diva androide en el mundo del futuro cercano donde las canciones se pierden"–» (Drees 2015; s. p.).

Este nivel simbólico se constituye así mediante el despliegue del «espectro completo de voces humanas inalteradas, a través de diversos grados de transformación, hasta el tipo de voz artificial que solía llamar sonido "andrógino"» (*ibid.*). Al artificializar por completo lo vocal,

Lo simbólico, lo matérico-sonoro y la construcción multi-nivel
en la música de Olga Neuwirth: una aproximación desde
la semiótica filosófica de la música

la semanticidad de la palabra no desaparece, ni se rompe, sino que se muestra ante todo como lo que siempre es en nuestra situación actual: *fake*, falso o vacío artificio. Pero el mayor *fake* es el que se efectúa con la misma realidad natural, no reemplazándola por una artificial: cuando en nuestra vida lo natural *como* natural es ya siempre un *fake*.

7.4. *Niveles arquitectónico y matérico-sonoro*

Los niveles arquitectónico y matérico-sonoro se mantienen como estrictamente 'asemánticos' en sí mismos, al modo de un Lachenmann o Nono. Cuando entren en conexión con los tres niveles simbólicos lo harán de un modo puramente externo, de manera que sus dinámicas permanezcan autónomas y sus relaciones no deriven del interior de cada nivel –relaciones puramente exteriores a sus términos–. El nivel arquitectónico es el que al final funciona dando unidad al todo, pero ni deriva de los otros niveles, ni estos del arquitectónico.

La estructura general de la obra sigue el modelo de formas en el espacio, como en la arquitectura, incluso en el aspecto de su distribución en la situación espacial física de los seis grupos instrumentales. Pero es una forma de «arquitectónica móvil», en la que la conexión de motivos, figuras melódicas, *samples* electrónicos, drones... no responde a ningún patrón tradicional lingüístico-musical, sino al traslado de disposiciones espaciales al decurso temporal. Es el modelo arquitectónico lo que permite conformar esta estructura en el tiempo en varios niveles.

La fascinación de Neuwirth por la arquitectura vertebra sus obras en múltiples dimensiones. La arquitectura es ya espacial, ya temporal; ya explícita, ya implícita a la música (en el sentido de Clemen Kühn, 1998: 324-343). El espacio físico se estructura en dos niveles. En el nivel-base, seis grupos instrumentales se distribuyen formando un hexágono, en torno a un centro ocupado por el auditorio. Los lados contraponen frente a frente los dos grupos de cuerdas (IV y VI) y los dos de viento (III y V). En los dos restantes, frente a frente, la mezcla de cuerda y viento (grupo II) se contrapone al sólo viento con la única guitarra eléctrica (grupo I). Como un eje divide en dos el espacio hexagonal, respecto al que se alternan los tres grupos con percusión y los tres con teclados electrónicos. Este hexágono será inscrito en círculos en el siguiente nivel, pero ya aquí Neuwirth lo hace circular, con el empleo de distintas afinaciones. En sentido anti-horario, de derecha a izquierda para el auditorio, partiendo de los 440 Hz del grupo I, disminuye en 33 cents (grupos IV y III), hasta los -66 del grupo II. Vuelve a aumentar en 33 cents (grupos VI y V), para recuperar los 440 Hz del grupo I.

Sobre este nivel base, como en una forma arquitectónica, se superpone un siguiente nivel con estructura circular, formado por 24 altavoces (más 4 subwoofers) del Sistema Surround 3D Ambisonic. Distribuidos en tres círculos a distintas alturas, los altavoces forman una cúpula sobre el público y los músicos. Con una red de micrófonos, el sistema informático capta los sonidos de los instrumentos y los re-proyecta en 3D a través de los altavoces.

¿Cuál es el objetivo de todo ello? Reconstruir en el espacio de la sala la acústica espacial de la Chiesa di S. Lorenzo de Venecia. Como sala, como recorrido, desde el comienzo del Prólogo, con el ruido y la entrada por los grandes portones, la obra es un trabajo con el espacio acústico mediante dos procedimientos. La *compresión/expansión del espacio*: «Por ejemplo, si se adapta a mi música, reduzco la reverberación de San Lorenzo, lo que crea la impresión de un espacio reducido, porque un "tiempo de caída" de menos de dos segundos da como resultado, p. e. un espacio acústico claro, adecuado para pasajes rápidos. En consecuencia, tengo la oportunidad de casi bloquear la acústica en ciertos puntos que he elegido, para hacer que la sala sea pequeña y estrecha y luego inflarla nuevamente» (Drees 2015: s. p.). O el *aislamiento alternado de regiones individuales del espacio*: «Sin embargo, también se pueden aislar componentes individuales de la acústica de la iglesia: Por ejemplo, puedo hacer que los eventos musicales de la parte delantera del espacio de actuaciones en directo suenen en la "segunda zona" de la sala San Lorenzo, por así decirlo –al fin y al cabo, la iglesia está dividida en dos salas que suenan acústicamente de forma diferente–, mientras

Lo simbólico, lo matérico-sonoro y la construcción multi-nivel
en la música de Olga Neuwirth: una aproximación desde
la semiótica filosófica de la música

que otro evento musical suena al mismo tiempo en la "primera zona" –en la zona de entrada más amplia–» (*ibid.*). En cada ocasión, la sala no es elegida, viene dada, varía, no está prevista en la composición. Por tanto, la reconstrucción de la acústica de la Chiesa no es perfecta, entre ambos espacios acústicos (real y reconstruido) se producen desencajes, desplazamientos, solapamientos, que forman una parte esencial de la composición.

En cuanto a la arquitectura temporal, la obra se divide en diez secciones sin interrupciones, que en el estreno duró unos 73 minutos. Como en el *Prometeo* de Nono, estas secciones están conformadas por *Isole*, «islas sonoras»:

> Dispongo cinco islas con dos interludios además de un prólogo y un epílogo. Sin embargo, para la forma de mi música, la idea del cruce incierto de un archipiélago es particularmente importante: se trata de experimentar la percepción de lo que podría estar unido y, al mismo tiempo, también aparecer separado. La mirada, en mi caso el oído, se desliza indefinidamente en la distancia, sobre el mar. Las islas de un archipiélago se encuentran frente a usted con contornos nítidos, casi al alcance de la mano. Y solo un poco más tarde, de repente son solo siluetas nebulosas que se vuelven más y más difusas con cada milímetro que pasas en un bote y dejan una estela blanca y espumosa. (Drees 2015: s. p.)

Las cinco islas sonoras, que conforman el cuerpo principal, están precedidas e intercaladas por un prólogo, dos interludios «instrumentales» y uno vocal, y un epílogo.

Estos son los detalles de la estructura general (además de la página y compás de la partitura[26], se indica el minutaje aproximado de la grabación del estreno):

---

26   La partitura de la obra, en su segunda edición revisada de 2016, presenta variaciones en algunos puntos importantes respecto al estreno de 2015.

Einlass Musik (música de entrada)	p. 1 c. 0	0'00"
Prologo	p. 1 c. 1	0'30"[27]
Isola I	p. 4 c. 18	07'36"
Isola II	p. 24 c. 101	15'41"
Interludio 1º	p. 39 c. 169	21'08"
Isola III	p. 59 c. 250	27'00"
Interludio voci	p. 86 c. 372	35'12"[28]
Isola IV	p. 98 c. 445	42'28"
Interludio 2º	p. 115 c. 507	49'17"
Isola V	p. 142 c. 641	56'30"
Epílogo	p. 159 c. 750	66'37"

A través de la construcción arquitectónica del espacio musical físico, se construye el espacio musical «implícito» de la obra (en el sentido de Clemens Kühn). Las figuras melódicas se mueven a través de los instrumentos, alternativamente, pasando de un grupo instrumental a otro, de unos altavoces a otros. El espacio se hace flexible, siguiendo la imagen del mar se vuelve «líquido», adquiere la fluidez propia del tiempo: «En primer lugar, quería que el espacio y la forma parecieran plásticos, flexibles y en unidades o estructuras variables» (Drees 2015: s. p.). Pero a fin de que el tiempo a su vez, perdiendo su direccionalidad única y toda direccionalidad, devenga espacio, se espacialice. Los eventos sonoros se desligan de toda sucesividad, y más que puntos o conglomerados de puntos, pasan a ser islas flotantes y errantes (el

---

27   Completamente variable, dependiendo de lo que tarden los músicos en posicionarse.

28   Curiosamente no mencionado por Neuwirth en sus entrevistas, pero claramente indicado en la partitura.

Lo simbólico, lo matérico-sonoro y la construcción multi-nivel
en la música de Olga Neuwirth: una aproximación desde
la semiótica filosófica de la música

archipiélago, como modelo más terrenal y marino que el de constelación). Pues 'islas' no sólo son las secciones. Al aparecer y ocultarse de manera variable, como en la niebla, percibimos islas dentro de islas. «Los eventos emergen lentamente en diferentes duraciones, desaparecen y reaparecen, y no hay tiempo para anexar las islas de sonido para el propio oído» (*ibid.*)[29].

Neuwirth se basa, así, en el concepto composicional de «arquitectura líquida», que alcanza su configuración más compleja en esta obra: «Entonces se trata de "construir" mi propia acústica para los respectivos procesos musicales. Una "arquitectura líquida", según necesite arquitectura y acústica» (Drees 2015: s. p). Aunque este concepto parece remitir a Frank Gehry[30], no lo aproxima al desconstructivismo, está orientado en otro sentido. Aunque «desconstruya» muchísimo, su desconstrucción no es fin en sí misma (fijémonos en el reiterado uso de la expresión «construir»), sino dirigida a la construcción de formas complejas multiestratificadas en el espacio y el tiempo. Aquello que Pia Janke, hablando de sus óperas, llama «re- o nueva-creación» (*Neuerschaffung*): «Nada se usa al azar aquí, y no es la heterogeneidad o el collage el verdadero objetivo, sino la reconstitución a través de la edición y la contextualización. La deconstrucción pretende la mencionada "recreación", que también pretende tener un efecto de concienciación» (Janke 2020: 40-41).

---

29   Este trabajo de composición con el espacio merecería un estudio aparte, porque tiene profundas implicaciones filosóficas sobre sus posibilidades y su sentido. Laure Gauthier lo ha aproximado al rizoma y al organismo vivo: «Neuwirth siempre ha buscado nuevas formas de organización sonora que supriman las jerarquías espaciales (arriba-abajo/delante-atrás, etc.) y procedan de la proliferación o extensión rizomática, utilizando metáforas zoológicas, botánicas o aquí arquitectónicas y marinas. La cúpula no responde a un orden divino y vertical sino que avanza horizontalmente sobre las olas. Esta expansión del espacio, del "arca de los sueños" que evoluciona de isla en isla, no es amenazante, sino por el contrario frágil, ya que se rompe. Las islas son momentos de respiración, cesuras. El espacio sonoro, semejante a un organismo vivo, se extiende, se retrae, evoluciona, se descompone y se recompone en torno al espectador, dibujando nuevas arquitecturas musicales que son otros tantos modelos alternativos al modelo dominante, vertical y rígido» (Gauthier 2015).

30   Frank Gehry escribió: «Si la arquitectura es música congelada, ¿la música es arquitectura líquida?» (Obrist 2014).

Por su parte, el trabajo con el aspecto matérico del sonido depura totalmente al material sonoro de aspectos simbólicos, en la mejor tradición del trabajo del sonido. La escucha de estos componentes en sí mismos debe liberarse de cualquier dimensión semántica. Yendo más allá de sí misma, traspasa sus propios límites, para llegar a «sentir» el sonido. Por ejemplo, las repetidas 'cascadas de notas' con las que termina la Isola II (19'44" p.31 c.144): por efecto de la distribución de los grupos y altavoces por la sala, circulan de un lado a otro en torno al oyente, como pura materia sonora. Aquí es donde las grabaciones de campo revelan su función: nos enseñan a sentir los motivos musicales como ellas mismas, como pura materia sonora, a la vez que esa experiencia matérica de las notas nos enseña a despojar a las grabaciones de toda carga semántica, a escuchar el sonido en sí mismo.

7.5. Nivel simbólico D: motivos, melodías y acordes

Pero hay que añadir un cuarto nivel simbólico, derivado del trabajo con los motivos y figuras melódicas. El nivel matérico-sonoro, a la vez que se mantiene netamente separado, está ligado a este nivel simbólico. Es una relación de ambivalencia, Jano bifronte. Los motivos musicales, ora suenan como puro sonido, ora adquieren una fuerte carga semántica estrictamente musical. Unas veces en primer plano, otras en el trasfondo. Una melodía al saxo (junto a la trompeta, instrumento predilecto de Neuwirth), detrás de arpegios y escalas como puras ondulaciones sonoras (Interludio II, 50'02", p. 118 c. 515). Ciertas ondulaciones y oleadas de sonidos que evocan La mer de Debussy, en ese Interludio I, tan 'marino' (21'56" p. 41 c. 181), y debajo de ellas el clarinete dibujando una melodía jazzística (claramente free jazz, 22'45" p. 44 c. 190). Dibujos melódicos en los pícolos que evocan aves, de claro formato Messiaen (Isola III, 30'58", p. 74 c. 325); una melodía gamelan en un gangsa (Isola IV, 48'50", p. 111 c. 497). Las connotaciones son múltiples, como otras tantas islas, emergen y desaparecen. Este movimiento oscilante, propio del mar, pero también constitutivo del ritmo, afecta del mismo modo a las figuras sonoras como puros eventos sonoros, que a los trazos melódicos.

Es un error reducir los motivos musicales de los conjuntos a su aspecto matérico-sonoro, algo que puede ocurrirles incluso a oyentes que conocen perfectamente el carácter complejo y multifacético de su música[31]. Emergen melodías que se prolongan, y retornan en variaciones. En el Interludio II se concentran en el grupo instrumental I, frente a los otros cinco grupos: el saxofón alto dibuja una melodía de cuartas y segundas (50'02" p. 118, c. 515), que es retomada y enseguida variada por la trompeta (p. 122 c. 531). El saxo retoma esta variación (p. 123 c. 533), hasta que, en contraposición a los arpegios descendentes de la guitarra eléctrica, se transforma en arpegios del saxo (52'45" p. 128 c. 547). Y a continuación, reaparece en una línea melódica en arco, que la trompeta con sordina dibuja con terceras disminuidas y segundas mayores descendentes, y que en sus repeticiones se expande y se contrae (52'57", p. 129 c. 550). Así emergen una y otra vez, aquí y allí, fragmentos melódicos sueltos, dispersos en el espacio-tiempo sonoro, que en seguida vuelven a sumergirse en el 'grado cero' de lo matérico-sonoro. Al mismo tiempo que el uso de *samples* y drones, electrónicos o instrumentales (contrabajos, metales...) en casi todas las secciones, mantienen presente en largos segmentos la 'fisicidad' de la materialidad sonora.

En cuanto al uso de acordes, son claramente reconocibles en su carga simbólica. Acordes en tutti de los grupos instrumentales marcan los inicios o finales de muchas secciones o episodios dentro de ellas. Así los seis acordes en el Prólogo (agrupados: 1, 2+3, 4, 5+6; 6'20" p. 2 c. 8) que dan inicio a la obra. En el Epílogo, el acorde en tutti de los grupos instrumentales (fff), tras las escalas ascendentes, dan final a la obra y se prolonga durante siete negras y media (72'45" p. 178 c. 809). Los seis acordes en tutti en fff (58'47" p. 145 c. 637), siguiendo

---

31   *Cf.* por ejemplo la reseña de Katharina Thalmann: «Si intentaras peinar "Le Encantadas" en busca de motivos musicales, no harías justicia ni al compositor ni a la pieza. Los eventos son demasiado complejos, el material demasiado diverso» (Thalmann 16 de agosto de 2016).

proporciones numéricas (en negras: 15, 12, 9, 12, 9), que crean la atmósfera para la entrada de la voz de ordenador. Acordes con una llamativa cualidad armónica: las diferencias en tercios de tono entre las notas de los diferentes grupos instrumentales (derivados de sus diferentes afinaciones) les confieren una pura fascinación armónica-colorística. Neuwirth ha mostrado en muchas obras su descollante capacidad para el uso de la paleta armónica y orquestal, que recuerda al inaudito arte de Alban Berg. La reorquestación de parte de los actos compuestos y del tercer acto de *Lulú* presenta una fascinante maestría, a la vez que mantiene en todo momento una tajante diferencia con el original.

Conclusión

Dejarse llevar por la impresión de postmoderno es otra manera de llegar a una mala comprensión estético-filosófica de su música. La recuperación del nivel simbólico, frente al puro trabajo con la materia sonora, corre el riesgo de ser malentendida. Pues «postmoderno» es una cómoda etiqueta que termina significando tantas cosas que no designa nada. Neuwirth parece encasillarse en el postmodernismo en sus mismas declaraciones, cuando reivindica el trabajo con un material máximamente heterogéneo y el poliestilismo (Stein 2013: 73-74). Pero ambos son demasiado evidentes en la escucha como para no cuestionar nuestros automáticos y estereotipados juicios. Obras como *Remnants* o *...miramondo multiplo...* no se agotan en la apariencia de 'mezcla estética', típicamente postmoderna. No se capta nada de las obras si no se capta en la escucha la intensa carga crítica que hay detrás de ellas y de toda la obra de Neuwirth. Desde sus inicios ha caracterizado al postmodernismo el desencanto con esta carga crítica propia de las vanguardias históricas. El «post» no sólo hace referencia al proyecto de la modernidad, sino a un abandono total del proyecto artístico del *modernism*, lo que se puede ver muy claramente en la arquitectura. Por el contrario, la música de Neuwirth es un intento de mantener,

Lo simbólico, lo matérico-sonoro y la construcción multi-nivel
en la música de Olga Neuwirth: una aproximación desde
la semiótica filosófica de la música

prolongar e intensificar esta carga cuestionante en las condiciones actuales. Sintomático de ello es que se remita a autores tan poco postmodernistas como Luigi Nono. Y que sea en una de las obras consideradas más postmodernistas, como *Le Encantadas*, es también sintomático de hasta qué punto la crítica musical se ve atrapada en los estereotipos. Las condiciones actuales se han vuelto tan asfixiantes, que vanifican todo intento de «línea de fuga», y precisamente uno de los modos más extendidos es el de encasillarlo bajo el rótulo «postmodernista». Proseguir con la vanguardia se ha vuelto más difícil que nunca, cuando crítica musical y público se mueven cómodamente bajo la declaración de la muerte de las vanguardias. En la música de Neuwirth hay de fondo, encubierto, un *eroico furore*, una furia naturalmente expresionista, herencia directa de la tradición austríaca. No sorprende que volviese a Alban Berg. Nada que ver con la reducción a pura distancia irónica y paródica, «desencantada» del postmodernismo. Del mismo modo que se comprende muy poco de Elfriede Jelinek cuando se la clasifica como pop o postmoderna. En ambas, cuando los hay, los recursos «postmodernos» son utilizados más allá de sí mismos, y en gran parte contra sí mismos. No se entendería si no, la enorme incomodidad que ha causado la autora. Nada de «muerte de las vanguardias», quizá había que ser creadora y mujer para tener esa sensación tan apremiante: la de recomenzar casi de cero, al ser la situación de asfixia actualmente mucho mayor que en la época en que nacieron las vanguardias. En las entrevistas y declaraciones de Neuwirth se trasluce este ansia por mantener lo más posible en el fondo de su música el grito, de *Erwartung* o *Lulu*. Pero la clara conciencia también de que, en las condiciones actuales, este grito no puede aparecer en primer plano, a costa de ser capturado en seguida por la hipersaturación simbólica y los estereotipos. Qué mayor estereotipo que el grito de una mujer-compositora: «Tal vez se pueda extraer de esta crisis un poder primigenio, *o más bien un no-poder*, aunque ello signifique vivir y trabajar en un desasosiego y una incertidumbre constantes. [...] No podemos querer ser *mainstream*, porque esta clase de música no debe ser un factor económico» (Neuwirth 2006: 295) [cursiva añadida].

Referencias

Adorno, Theodor W. (1956): «Música, lenguaje y su relación en la composición actual», en *Obra completa*. Madrid: Akal, vol. 16, 2008, 642-655.

Adorno, Theodor W. (1963): *Mahler. Una fisionomía musical*, en *Obra completa*. Madrid: Akal, vol. 13, 2008, 145-314.

Adorno, Theodor W. (1966): «La forma en la nueva música», en *Obra completa* vol. 16. Madrid: Akal, 617-636.

Bowman, Wayne D. (1998): *Philosophical Perspectives on Music*. Oxford: Oxford University Press.

Bratic, Martina (2020): «On Musical Appropriation, Deconstruction and Re-creation: Olga Neuwirth's Nomi pieces», en Stefan Drees y Susanne Kogler (eds.), *Kunst als Spiegel realer, virtueller und imaginärer Welten. Zum künstlerischen Schaffen Olga Neuwirths.* Wien: Leykam, 93-105.

Barrios Casares, Manuel (2022): *La vida como ensayo, y otros ensayos.* Sevilla: Athenaica.

Dahlhaus, Carl (1983): «Die Krise des Experiments», en Ekkehard Jost (ed), *Komponieren heute. Ästhetische, soziologische und pädagogische Fragen*. Mainz: Schott, 80-94.

Deleuze, Gilles - Guattari, Felix (1994 [1980]): *Mil mesetas*. Valencia, Pre-Textos.

Deleuze, Gilles (1985): *La imagen-tiempo. Estudios sobre cine 2*. Barcelona: Paidós.

Drees, Stefan (ed.) (2008): *Olga Neuwirth. Zwischen den Stühlen: A Twilight-Song auf der Suche nach dem fernen Klang*. Salzburg: Anton Pustet.

Drees, Stefan (25 de Agosto de 2015): «...ein fiktionaler Abenteuerroman durch vielfältige Raumklangwirkungen hindurch: Olga Neuwirth im Gespräch mit Stefan Drees über ihre Komposition Le Encantadas». Disponible en: https://www.swr.de/swrkultur/musik-klassik/donaueschinger-musiktage/archiv/article-swr-1024.html [consulta: 10-4-2024]

Drees, Stefan (30 de octubre de 2018): „OLGA NEUWIRTH war schon immer eine Vorreiterin" – Stefan Drees im mica-Inter-view, *Music Austria*. Disponible en: www.musicaustria.at/olga-neuwirth-war-schon-immer-eine-vorreiterin-stefan-drees-im- mica-interview/ [consulta: 10-4-2024]

Drees, Stefan y Susanne Kogler (eds.) (2020): *Kunst als Spiegel realer, virtueller und imaginärer Welten. Zum künstlerischen Schaffen Olga Neuwirths*. Wien: Leykam.

Drees, Stefan (2020): «Musik - überall Musik -: Olga Neuwirth als Performerin», en Stefan Drees y Susanne Kogler (eds.), *Kunst als Spiegel realer, virtueller und imaginärer Welten. Zum künstlerischen Schaffen Olga Neuwirths*. Wien: Leykam, 165-184.

Gauthier, Laure (30 de septiembre de 2015): «Les îles enchantées d'Olga Neuwirth. Éclairage», *Ensemble Intercontemporaine*. Disponible en: www.ensembleintercontemporain.com/fr/2015/09/les-iles-enchantees-dolga-neuwirth/ [consulta: 6/4/2024]

Gruber, Gerold W. (2006): «Zum „Don Giovanni-Komplex" von Erwin Riess und Olga Neuwirth», Österreichische *Musikzeitschrift*, 61, 5, 25-29.

Heathcote, Abighail (2007): «De la musique comme situation. Entretien avec Helmut Lachenmann», *Circuit*, 17, 1, 79-91.

Ivanovic, Christine (2020): «Die Herausforderung des Paria: Ein 'surface reading' von Olga Neuwirths Fotoserien Quiet on the desk, Everyday Olga und O Melville! (2010-2011) im Kontext von The Outcast (2012)», en Drees y Kogler (ed.) 2000: 59-76.

Janke, Pia (2020): «"(Liebesduett; kitschig, künstlich)" - Olga Neuwirths Opernlibretti», en Stefan Drees y Susanne Kogler (eds.), *Kunst als Spiegel realer, virtueller und imaginärer Welten. Zum künstlerischen Schaffen Olga Neuwirths*. Wien: Leykam, 35-45.

Kogler, Susanne (2020): «Kunst als Spiegel realer, virtueller und imaginärer Welten: Aspekte des Politischen im Schaffen Olga Neuwirths», en Stefan Drees y Susanne Kogler (eds.), *Kunst als Spiegel realer, virtueller und imaginärer Welten. Zum künstlerischen Schaffen Olga Neuwirths*. Wien: Leykam, 17-34.

Kühn, Clemens (2003 [1998]): *Historia de la composición musical en ejemplos comentados*. Cornelló de Llobregat: Idea Books.

Lachenmann, Helmut (1996 [1966]): «Klangtypen der Neuen Musik», en Josef Häusler (ed.), *Musik als Existentielle Erfahrung. Schriften 1966-1995*. Wiesbaden: Breitkopf & Härtel.

Lachenmann, Helmut (1975): «Mahler - eine Herausforderung. Antworten auf fünf Fragen», en en Josef Häusler (ed.), *Musik als Existentielle Erfahrung. Schriften 1966-1995*. Wiesbaden: Breitkopf & Härtel, 263-269.

Lachenmann, Helmut (1986): «Über das Komponieren», en Josef Häusler (ed.), *Musik als Existentielle Erfahrung. Schriften 1966-1995*. Wiesbaden: Breitkopf & Härtel, 73-82.

Lachenmann, Helmut (1993): «Werkstatt-Gespräch», en Josef Häusler (ed.), *Musik als Existentielle Erfahrung. Schriften 1966-1995*. Wiesbaden: Breitkopf & Härtel, 211-212.

Lemke-Matwey, Christine (9 de marzo de 2008): «Narr ohne Hof. Olga Neuwirth eröffnet die „MaerzMusik" im Haus der Berliner Festspiele», *Tagesspiegel*. Disponible en: https://www.tagesspiegel.de/kultur/narr-ohne-hof-1622368.html [consulta: 6/4/2024].

Masek, Karl (20 de noviembre de 2017): «WIEN / Museums Quartier Halle E: „LE ENCANTADAS" von Olga Neuwirth bei Wien Modern», *Online Merkel, Die internationale Kulturplattform*. Disponible en: https://onlinemerker.com/wien-museumsquartier-halle-e-le-encantadas-von-olga-neuwirth-bei-wien-modern/ [consulta: 6/4/2024].

McMullan-Glossop, Eva (2017): «Hues, Tints, Tones, and Shades: Timbre as Colour in the Music of Rebecca Saunders», *Contemporary Music Review*, 36, 6, 488-529.

Neuwirth, Olga (1998): «Music and Peace», en Stefan Drees y Susanne Kogler (eds.), *Kunst als Spiegel realer, virtueller und imaginärer Welten. Zum künstlerischen Schaffen Olga Neuwirths*. Wien: Leykam, 107-113.

Neuwirth, Olga (2006): «Hinter den Spiegeln. Vortrag für das Erö-ffnungs-Symposion 2006 der Salzburger Festspiele: Die Festspiele -Visionen, Wünsche, Wirklichkeit - Festspiele im Spiegel des Künstlers», en Stefan Drees y Susanne Kogler (eds.), *Kunst als Spiegel realer, virtueller und imaginärer Welten. Zum künstlerischen Schaffen Olga Neuwirths.* Wien: Leykam, 292-297.

Neuwirth, Olga (2015): «„Ich fühle mich wie der Salat in einem Burger: der ist da, aber man schmeckt ihn nicht." Ein Gespräch mit Olga Neuwirth», Disponible en: www.olganeuwirth.com/text41.php [consulta: 6/4/2024].

Neuwirth, Olga (2016): «Musik und Wissenschaft. Rede anlässlich der Übergabe der Roche Commissions», en *Lucerne Festival (Hg.), Roche Commissions. Olga Neuwirth – 2016.* Basel: Roche, 10-17.

Nono, Luigi (1985): «Altre possibilità di ascolto», en *La nostalgia del futuro. Scritti e colloqui scelti 1948-1989.* Milano: Il Saggiatore, 2019, 419-438.

Obrist, Hans-Ulrich (28 de Agosto de 2014): «Frank Gehry: Is Music Liquid Architecture?», *Huffpost.* Disponible en: https://www.huffpost.com/entry/frank-gehry-handwriting_n_5213878 [consulta: 6/4/2024].

Parmeggiani, Marco (2019): «Il problema della vaghezza in Nietzsche tra musica e linguaggio», en Luigi Perissinotto y Roberta Dreon (eds.), *Vaghezza e linguaggio tra filosofia e letteratura. Ermeneutica letteraria. Rivista internazionale*, XV, 107-118.

Parmeggiani, Marco (2022a): «Música informal, subjetividad y construcción integral en Theodor W. Adorno: las insuficiencias del modelo filosófico de constelación», *Estudios Filosóficos*, LXXI, 205-234.

Parmeggiani, Marco (2022b): «Música y dolor a través de Nietzsche y Adorno: Pautas para una semiótica filosófica de la música», *Estudios Nietzsche*, 22, 97-131.

Polo Pujadas, Magda (2011): *Música pura y música programática en el romanticismo.* Barcelona: Auditori.

Preiner, Michaela (6 de noviembre de 2012): «Konzentrierte Ballung und ephemerer Hauch». Disponible en: https://european-cultural-news.com/konzentrierte-ballung/6257/ [consulta: 6/4/2024].

Rihm, Wolfgang (2002 [1983]): «Musikalische Freiheit», en *Offene Enden. Denkbewegungen um und durch Musik*. München: C. Hanser, 51-73.

Rihm, Wolfgang (1988): «Notizen zum Chiffre-Zyklus», en *Ausgesprochen – Schriften und Gespräche*. Ed. U. Mosch, Winterthur: Amadeus, Paul Sacher Stiftung, 1997, vol. 2, 127-134.

Schröder, Gesine (2007): «Komponieren um 2000. Drei Modelle nach Originalen von Thomas Ades, Jörg Widmann und Olga Neuwirth», *Zeitschrift der Gesellschaft für Musiktheorie*, 4/3, 305-322.

Solomos, Makis (2019): «A phenomenological experience of sound. Notes on Francisco López», *Contemporary Music Review*, 38, 1-2, 94-106.

Stein, Robert (2013): «London, Proms 2012 (2): Olga Neuwirth, Kaija Saariaho», *Tempo*, 67(263), 73-75.

Stockhausen, Karlheinz (1953), «Arbeitsbericht 1952/1953: Orientierung», en *Texte zur elektronischen und instrumentalen Musik*, Bd. 1, *Aufsätze 1952–1962 zur Theorie des Komponierens*. ed. Dieter Schnebel, Köln, 1963, 32-38.

Tadday, Ulrich (ed) (2023), *Olga Neuwirth. Musik-Konzepte*, 200-201, IV.

Thalmann, Katharina (16 de agosto de 2016): «LUCERNE FESTIVAL. Unerhörte musikalische Denkmalpflege», *Luzerner Zeitung*. Disponible en: www.luzernerzeitung.ch/kultur/lucerne-festival-unerhoerte-musikalische-denkmalpflege-ld.89521 [consulta: 6/4/2024].

Treeck, Elisabeth van (2023), «Venedig, Hatsune Miku und das Meer. Olga Neuwirths *Le Encantadas o le avventure nel mare delle meraviglie*», en Tadday 2023: 96-110.

Lo simbólico, lo matérico-sonoro y la construcción multi-nivel
en la música de Olga Neuwirth: una aproximación desde
la semiótica filosófica de la música

Obras citadas
musicales

1998 *Bählamms Fest (An Animation-Opera)* (1992/93-1997/98), teatro musical en 13 escenas según Leonora Carrington. Estreno: Viena (Wiener Festwochen), 19.6.1999. Ricordi.

1998 *Hommage à Klaus Nomi*, cuatro canciones para contratenor y pequeño conjunto, recopiladas y arregladas. Estreno: Salzburgo (Festival de Salzburgo), 10 de agosto de 1998. Ricordi.

1999 *Clinamen/Nodus* para orquesta. Estreno: 26.1.2000. Ricordi.

2000 *Construction in Space* para cuatro solistas, cuatro conjuntos instrumentales y electrónica en vivo. Estreno: Innsbruck, 13.9.2001. Ricordi.

2000 *incidendo / fluido* para piano y CD. Estreno: Viena, 1.1.2000. Ricordi.

2002-2003 *Lost Highway (A Video-Opera)*, obra de teatro musical musical en doce cuadros, basada en la homónima película de David Lynch. EWstreno: Graz (Otoño de Estiria), 31 de octubre de 2003. Boosey & Hawkes

2007 *...miramondo multiplo...* Versión para trompeta solista y conjunto. Estreno: Köln, 19.10.2008. Boosey & Hawkes.

2009 *Remnants of songs... An Amphigory*, para viola solista y orquesta. Estreno: Graz, 10.10.2009. Boosey & Hawkes

2008-2010 *THE OUTCAST – Homage to Herman Melville (2008-10)*. Una instalación de teatro musical con Video. Libreto de Barry Gifford y Olga Neuwirth. Con monólogos para Old Melville de Anna Mitgutsch. Edición revisada: 2018. Estreno de la versión revisada: 14.11.2018 Wiener Konzerthaus. Ricordi.

2011 *American Lulu* (2006-2011), concepto general y nueva interpretación de la ópera *Lulu* de Alban Berg por Olga Neuwirth. Música de los Actos I y II adaptada y reorquestada por Olga Neuwirth. Texto de los Actos I y II adaptado por Olga Neuwirth y Helga Utz usando traducciones al inglés de Richard Stokes y Catherine Kerkhoff-Saxon. Música y texto para el Acto III de Olga Neuwirth y traducido al inglés por Catherine Kerkhoff-Saxon. Estreno: 30.09.12 - Komische Oper Berlin. Ricordi.

2014 *Banda sonora para el largometraje „Ich Seh Ich seh"* de Veronika Franz and Severin Fiala (Ulrich Seidl Production).

2015 *Le Encantadas o le avventure nel mare delle meraviglie* (2014/15), para 6 conjuntos instrumentales distribuidos en el espacio, *samples* y electrónica en vivo. Estreno: 18.10.2015, Donaueschingen. Edición revisada: 2016. Ricordi. (https://cutt.ly/ON_le-encantadas)

2017 *Quasare / Pulsare II* para trio. Estreno: Viena, 17.3.2017. Ricordi.

2019 *Orlando - una biografía musical* (2018/2019), teatro musical, libreto de Catherine Filloux y Olga Neuwirth según Virginia Woolf. Estreno: 08.12.2019, Viena/Ópera Estatal de Viena Duración: aproximadamente 2:30. Ricordi.

Otras

O Melville! Album de fotos, Wiener Neudorf: Müry Salzmann, 2016. 160 pp. 16x21 cm.

Sobre los autores

Magda Polo Pujadas
Catedrática de Estética y Teoría de las artes e Historia de la música del Departamento de Historia del Arte de la Universidad de Barcelona. Ha publicado numerosos textos sobre estética, historia y filosofía de la música. Es directora de la revista *Matèria. Revista Internacional d'art*. Ha sido comisaria de exposiciones de arte contemporáneo, creadora de espectáculos interdisciplinarios de música, danza, pintura y videoarte y compositora colectiva de las obras *The right way, Yoko Ono's Suite, Schweigen y Miraculum*. Como investigadora principal ha dirigido los grupos AASD, EICA, RESCUE, EKHO y MOUSIKÉ. Ha sido presidenta de la UNE, la A FAD y, actualmente, es la presidenta de la APMUPE (Asociación de Profesores y Profesoras de Música de la Universidad Pública Española). Es también autora de seis poemarios.

Fernando Infante del Rosal
Profesor Titular del Departamento de Estética e Historia de la Filosofía de la Universidad de Sevilla. Ha publicado numerosos textos sobre filosofía y teoría de la afectividad, así como sobre aspectos de la reflexión estética y la teoría de las artes. Recibió los premios al mejor expediente concedidos por la Real Maestranza de Sevilla y por el Excmo. Ayto. de Sevilla. Es director de *Thémata Revista de Filosofía* y miembro del comité editor de otras publicaciones y editoriales. Desde 1994 ha dirigido el estudio de diseño El golpe, en el que ha desarrollado numerosos proyectos de imagen, comunicación y arte. Es también guionista, compositor y productor cinematográfico. Ha obtenido numerosos premios de artes plásticas y literarios y dos premios Laus de la Asociación de Diseñadores Gráficos.

Raquel Cascales Tornel
Profesora de Ética del Diseño y Teoría de las Artes en la Universidad de Navarra. Ha sido Visiting Scholar en la Universidad de Turín (2015), en The Warburg Institute (2018) y en Columbia University (2022). Su investigación explora la relación entre estética, las fronteras de las artes con la vida, así como la estética de lo cotidiano y del cuidado. En esta línea ha publicado monografías sobre Arthur Danto y el fin del arte (Universidad de Valencia, 2020), además de coeditar *Cuidado con la estética: reflexiones entre el arte y la vida* (Dykinson, 2024), y el primer monográfico sobre *Everyday Aesthetics* en español (*Anuario Filosófico* 2025). Por último, su compromiso con las mujeres puede verse en sus publicaciones sobre Esther Ferrer, Simone Weil, Susanne Langer o Yuriko Saito.

Miguel Salmerón Infante
Profesor Titular de Estética y Teoría de las artes en la Universidad Autónoma de Madrid. Destacan sus ediciones de clásicos de la literatura y el pensamiento alemanes (como Goethe, Hölderlin, Rosenkranz, Kafka, Weber, Bloch o Koselleck).
Ha realizado estancias de investigación en Würzburg, Konstanz y Weimar. Es Doctor en Filosofía por la UAM (1993) y en Estudios literarios por la UCM (2024), así como traductor superior de alemán por la UCM (1990).
Acreditado catedrático por la ANECA (2023), es, desde su fundación, miembro de la Sociedad Española de Estética y Teoría de las Artes y su actual tesorero. Sus líneas de investigación son Goethe, Schiller, Wagner, Bloch, la Estética general y la Estética de la música.

Alejandro Rodríguez Antolín
(Ferrol, 1995). Doctorado en Estudios Artísticos, Literarios y de la Cultura por la Universidad Autónoma de Madrid. Especializado en campos como la música, las tecnologías sonoras y las Humanidades Digitales. Su principal línea de investigación se centra en la creación interdisciplinar y multimedia en relación con la música electroacústica

y el arte sonoro español, además de la creación musical informática y automática/algorítmica en el marco de la música contemporánea. Actualmente, es Profesor Honorario del Departamento Interfacultativo de Música de la Universidad Autónoma de Madrid y docente del Área de Música de la Universidad Internacional de La Rioja (UNIR), concretamente del Grado en Música, el Máster de Investigación Musical y el Máster en Composición con Nuevas Tecnologías.

Marco Parmeggiani
Profesor Titular de Filosofía en la Universidad de Málaga. Ha realizado traducciones críticas, con estudio introductorio y notas, de la *Correspondencia* de Nietzsche (Trotta) y de *Humano, demasiado humano* (Tecnos), y ha publicado dos monografías: *Perspectivismo y subjetividad en Nietzsche*, 2002, y *Nietzsche: crítica y proyecto desde el nihilismo*, 2002. Junto a la historiografía filosófica, desarrolla sus investigaciones en el campo de la onto-epistemología de la forma, la filosofía de la música y la semiótica filosófica de la música. Entre sus publicaciones recientes: «Música informal, subjetividad y construcción integral en Theodor W. Adorno: las insuficiencias del modelo filosófico de constelación» (*Estudios Filosóficos*, LXXI, 2022); «Música y dolor a través Nietzsche y Adorno: pautas para una semiótica filosófica de la música» (*Estudios Nietzsche*, 22, 2022); «The Roles of Agency and Contemplation in Aesthetic and Ethical Dimensions of Ancient Greek Tragedy, according to Late Nietzsche" (*Synthesis Philosophica*, 38/1, 2023); «Arte, pensamiento y la hipersaturación simbólica en el último Deleuze" (F. Infante – M.J. Godoy (eds.), *Estéticas perdidas*, Univ. de Valencia, 2024); «"New wave music" (Xinchao Yinyue) y filosofía taoísta: la "emancipación del sonido" en He Xuntian y Chen Xiaoyong» (*Lecturas contemporáneas sobre filosofía china*, Tirant Lo Blanch, 2025).

Este libro se terminó de imprimir el 7 de marzo de 2025,
en el 125 aniversario del estreno del
Concierto para piano en do sostenido menor, op. 45,
de Amy Beach, una de las primeras compositoras
en ganar reconocimiento
por sus obras.